中国职业教育国际化策略研究

吕红·主编

重庆大学出版社

图书在版编目（CIP）数据

中国职业教育国际化策略研究 / 吕红主编 . —— 重庆 : 重庆大学
出版社 , 2021.12
ISBN 978-7-5689-2924-0

Ⅰ . ①中… Ⅱ . ①吕… Ⅲ . ①职业教育—发展—国际化—研
究—中国 Ⅳ . ① G719.2

中国版本图书馆 CIP 数据核字 (2021) 第 168713 号

中国职业教育国际化策略研究
ZHONGGUO ZHIYE JIAOYU GUOJIHUA CELÜE YANJIU
吕 红 主 编

策划编辑 : 李佳熙
责任编辑 : 李桂英
责任校对 : 王 倩
责任印制 : 张 策

重庆大学出版社出版发行
出版人 : 饶帮华
社址 :（401331）重庆市沙坪坝区大学城西路 21 号
网址 : http : //www.cqup.com.cn
POD: 重庆新生代彩印技术有限公司

开本 : 890mm×1240mm 1/32 印张 : 7.375 字数 : 136 千
2021 年 12 月第 1 版 2021 年 12 月第 1 次印刷
ISBN 978-7-5689-2924-0 定价 : 68.00 元

编者名单

主　审：任　波　罗小秋

主　编：吕　红

副主编：苟寒梅　邓春梅　李昌骏　彭华友

编　者（以姓氏笔画为序）

丛连刚

文欣莉

黄　蘋

传　红

龚小艳

郑宏飞

方　梦

邓　璨

PREFACE 引言

20 世纪 90 年代以来，我国高等职业教育获得了长足的发展，取得了重大的成就，但同时，与职业教育发达国家相比，仍有明显的差距，特别是我国高等职业教育国际化程度是制约我国高等职业教育走向世界舞台的障碍之一。教育部、财政部在《关于实施中国特色高水平高职学校和专业建设计划的意见》中明确提出提升高等职业教育的国际化水平，同时随着国家"一带一路"倡议的提出，高等职业教育国际化发展已经成为中国职业教育发展的必经之路，也为我国高等职业教育国际化的发展带来了前所未有的扩大开放、扩展合作的重要机遇和挑战。

在这样的背景下，重庆市高校人文社会科学研究项目"职业教育多元办学与国际交流合作制度建设研究"课题组积极响应，根据课题研究成果汇编此书，为中国高等职业教育国际化提供策略，为中国高职院校国际化发展提供参考。本书主要从高等职业教育国际化理论和职业教育发达国家的经验入手，对我国职业教育国际化历程进行分析研究，总结我国目前高等职业教育国际化现状，通过对国内高职院校开展调查研究并实地走访，发现我国高等职业教育国际化面临的机遇和挑战，并为促进我国职业教育国际化发展提出对策。

出版此书，一方面可以让更多的人来分析我们的研究成果，另一方面也想抛砖引玉，希望再次涌现出更多高质量的研究成果。我们相信通过更多高等职业教育国际化领域的专家、学者的努力，我国高等职业教育国际化能迎来一个更高更好的新局面。

编　者

2019 年 5 月 23 日

CONTENTS　目录

第一章
概念与理论

高等职业教育从高等教育研究领域中"独立"出来得比较晚，我们要研究清楚高等职业教育国际化的问题，特别是要厘清其中的概念和理论，就不得不从高等教育国际化的概念与理论入手。

高等教育国际化的研究领域形成得比较晚，在20世纪末的时候才出现比较系统性的研究。最早的系统性研究可以追溯到1980年，美国卡内基高等教育政策研究理事会出版的《扩展高等教育的国际维度》中提到：我们需要一种超越赠地学院观念的新的高等教育观念，即高等教育要国际化。高等教育国际化这一概念的产生离不开时代背景，主要是因为在20世纪末，现代科学技术和生产力的井喷式发展，再加上联合国教科文组织（UNESCO）、国际劳工组织（ILO）以及经济合作与发展组织（OECD）等非政府组织的推动。1998 年，联合国教科文组织召开了教育大会，他们在大会上发布了《21 世纪的高等教育：展望与行动世界宣言》报告。他们在报告中提出了高等教育的三大使命，即针对性、高质量、国际化，还认为如果全球高等教育要进一步发展，主要途径就是通过教育的国际合作，并呼吁各个国家要正视和重视高等教育的国际化发展。

而高等职业教育国际化并没有被单独展开研究，仅是作为高等教育国际化研究领域中的一个内容进行研究，那么针对高等职业教育国际化的研究可以在高等教育国际化研究领域中找到概念与理论的共性，并能够在时代背景中找到与高等教育国际化的不同之处。

一、高等职业教育国际化的概念

（一）高等职业教育国际化的内容

在学界，各学者站在不同的角度形成了诸多高等教育国际化内容的观点，虽然具体内容有所不同，但是还是可以将其归纳出以下四个要点：一是高等教育观念的国际化，二是高等教育人员的国际化，三是高等教育资源的国际化，四是高等教育专业、课程设置方面的国际化。[1]我们可以根据高等职业教育与高等教育的共性从这四个要点来阐述高等职业教育国际化的内容。

1.高等职业教育观念的国际化

我们把高等职业教育的改革与发展放置在全球性视野来看，不从某一个区域或者国家来看，即站在战略的宏观角度来看待，高等职业教育的观念是有关职业教育的思想认识，能指导人们的教育活动。在20世纪初，"终身教育""全球教育"等教育观念被提出，在全世界范围内得到认可并被实施。那么高等职业教育国际化的重要内容之一就是教育观点的全球性，也就是观点的全球流动。另一方面，高等职业教育国际化的人才培养目标定位跟以往的观念有出入。在以往的概念中，高等职业教育人才培养的目标是服务当地，或者特定区域乃至国家的社会经济发展，但是高等职业教育国际化后的培养目标是面向全世界的社会经济发展，培养的人才是能够深刻理解多元文化的，能在国际化的工作环境中充分与他人沟通思想，能在国际化竞争中取得良好成绩。因此，我们可以认为只有把高等职业教育观念国际化，再对这一观念理解到位、执行到位，才能实现国际化的人才培养目标。

2.高等职业教育人员的国际化

这部分人员主要是指政府和相关职能部门政策法规制定的决策者，高职院校和部分应用型本科院校的管理人员、专家学者和一线教师以及高等职业教育受教育者。这部分人员只有实现国际化后，才能充分理解高等职业教育国际化的观念，才能更好地推动高等职业教育国际化的发展。

3. 高等职业教育资源的国际化

这部分内容主要包括高等职业教育的经费投入、软硬件设施、人力成本以及教育教学的知识和技能。对于大多数国家和地区来说，国际化标准都比本国标准更高一点，那么在以上方面达到国际化要求后，可以有效提高资源的利用度，有益于本国高等职业教育的发展，推动本国高等职业教育实现国际化发展。

4. 高等职业教育专业、课程设置方面的国际化

要想实现高等职业教育的人才国际化，我们在专业和课程的设置上必须要优先国际化。接受高等职业教育的学生的国际化意识和国际化知识都是通过课程的教学来培养的，这些培养目标的实现都离不开专业和课程的国际化。但是值得提出来的是，在进行专业和课程国际化的过程中，一定要注意甄别是否符合本国国情和教育体系，绝不能将其他国家国际化的专业和课程设置全盘照搬过来，否则不仅不能推动高等职业教育国际化发展，还会把本土课程异化，阻碍其发展。

（二）高等职业教育国际化的内涵

前面提到各学者站在不同的立场上，导致高等教育国际化的内容、观点等多样化，未能达成共识。在目前众多的观点中，我们总结了以下几个方法来解释高等职业教育

国际化。

其中陈学飞教授从方法的角度总结了四种概念方法。[2]第一种是"与国际研究、国际教育交流与技术合作有关的各种活动、计划和服务",简单归纳就是高等教育的相关国际化活动,这种活动内容主要是以课程资源建设或改革、教师和学生国际交流、国际合作科研项目或者向他国提供教育援助等。那么高等职业教育国际化这一点跟高等教育国际化极其相似,但是在教育援助方面跟高等教育不一样的是,它更倾向于技术技能的援助,跟援助当地的社会产业密不可分。第二种是简单归纳观点,就是一个国家与国际社会深度参与,这个参与过程必须渗透教育领域的各个方面,通过这种渗透促进学生对全球性的理解,培养全球性技能。这个概念实际上是从能力角度来看待的,侧重点在于人的国际化技能培养,不仅包括学生的知识、技能,同样也包括了对教职工新技能、知识和职业态度的培养。对于高等职业教育来说,很多国家和地区就是以这种方式进行国际化的,最典型的例子就是学习澳大利亚 TAFE 职业教育模式,学习其技能培训包。第三种是精神气质方法,这种方法主要是从文化氛围和人的精神视觉出发的,它主要是把前面提到的第一种方法中各种各样的国际化活动看作是国际化氛围和精神的培养,这一概念主要强调观念和态度方面的国际化。这些指的都是教育国际化的文化建设,高等教育与高等职业教育在国际化的文化建设上是具有一致性的。第四种方法是过程方法，即指高等教育或高等职业教育国际化的理念、观点融入教育的一个过程，把这一整合、渗透或者是结合的过程作为高等教育或是高等职业教育国际化的观念。

加拿大的简·奈特（Jane Knight）教授把高等教育国际化定义为：高等教育国际化是把国际的、跨文化的维度整合到教育机构的教学、科研和服务功能之中。我们按照这个概念来理解高等职业教育国际化。总的来说，高等职业教育国际化是一个过程，但是这个过程又不能与全球化本身混为一谈，同时是本土化与国际化的交融，有跨文化性的特点。

刘振天、杨雅文[3]与日本广岛大学喜多称和之教授[4]都提出通用性、交流性和开放性这三种属性可以用来判断高等教育国际化的程度，也可以作为一种标准。那么从这几个维度进行归纳，可以总结出来的是，高等职业教育国际化是以国际化的视野进行思考，并不是以其中一个国际的角度进行掌握，要将高等职业教育的大发展、大改革放置在全球性的大时代背景中去考虑；第二点是高等职业教育的国际资源共享，即不同地区和国家的高职院校在技术技能、课程资源等方面进行广泛而深入的交流；第三点就是建立具有共性的教育制度、学位制度，简单地说就是学分互认，技术技能要有通用性。

杨德广教授把高等教育国际化定义为：加强国际高等教育交流合作，积极向各国开放国内教育市场，并充分利用国际教育市场。[5]那么高等职业教育按照这种观点进行国际化，就要在教学内容、教学方法和教学资源上与国际接轨，与国际目前的标准相适应，与国际社会高等职业教育发展方向保持一致，培养的是有国际意识、国际交往能力、国际竞争能力的人才。

王剑波[6]从历史学角度对高等职业教育国际化做了分析，他认为，这种国际化的过程是一种人类社会的历史现象，且是人类自主创造的。按照这种理论，我们可以把高等职业教育国际化理解为有具体内容，并具有一定功能和目的的现象。它的内容是指观念、课程资源、师生员工、技术技能等；功能是推动全球高等职业教育的发展和改革，并让国际化成为判断一个国家和地区高等职业教育发展水平的恒定标准；高等职业教育国际化的目的最终还是回归到人才的培养，是指培养能够理解国际事务，在国际工作环境中具有竞争力，通晓世界各种通用技能的国际化人才。

目前高等职业教育国际化的内涵呈现出多视觉化、多元化的态势，这也是研究者的研究方法和视角不同造成的，但是这些定义都是见仁见智，并无对错，且不相互排斥，反而是相互补充的。我们研究高等职业教育国际化绝不能就职业教育谈职业教育，必须进行多领域、多维度、多视觉的研究，同时要保持一种立足本土、面向全球的态度，以本国或本区域为出发点，站在国际社会的角度看待本国或本区域的高等职业教育发展，从而促进本国或本区域高等职业教育的发展。

（三）经济全球化与高等职业教育国际化之间的关系

我们研究一个与教育学相关的问题，一定要将这个问题放在时代背景中进行研究，高等职业教育更是与社会经济发展和产业结构密不可分。高等职业教育国际化这一概念提出的那段时期，我们正在经历经济全球化的变革与发展，因此本书研究高等职业教育国际化必须要代入到经济全球化这一时代大背景中来，即站在经济全球化的角度来开展理论研究。

高等职业教育国际化是在经济全球化的背景中产生的，在经济全球化进程中，社会各领域要进一步得到发展，就必须加强国际交流与合作，高等职业教育正是跟随经济全球化的脚步加快了自身发展，同时也加强了自身的国际交流与合作。换言之，我们可以说高等职业教育国际化发展就是经济全球化进程中的产物。

在经济全球化的催化下，各国、各地区的高等职业教育的国际合作与交流也得到了快速发展与加强。各国之前为适应经济全球化，社会产业结构、人才需求等作了相应的调整，对国际市场开放。这就迫使与社会经济、产业结构密切相关的高等职业教育向国际市场开放，各国、各地区根据自身高等职业教育水平，选择利用国际高等职业教育资源发展自身水平或者"推销"本国高等职业教育资源，因此呈现出跨国合作办学、跨国职业技术培训等现象。

因此，要想研究透彻高等职业教育国际化这一概念，就必须厘清它与经济全球化之间的关系，下面我们从几个方面进行分析。

1.经济全球化是高等职业教育国际化的重要背景

第二次世界大战结束后，全球经济开始复苏，经济全球化进程发展迅速。其主要原因有两个：一是经历战争后，各国对和平的渴望更加强烈，世界也进入了一个和平的发展时期，各国、各地区为了在和平年代得到社会经济的发展和国际舞台中的政治话语权开始进行更深入、多领域的政治交流、文化互通和经济合作。二是第二次世界大战和冷战结束后全球技术革命时代到来，信息技术、通信技术的发明，特别是近几年互联网技术的发展和应用使国际交流和交往显得更容易。在这样的时代背景下，高等职业教育的国际性变得越来越重要，人们也逐渐将劳动力市场的选择从本国、本地区转向了国际劳动力市场，对国际劳动技能、知识的了解也日益增强。

高等职业教育国际化得到了发展，并且呈现出两种态势，一种是职业教育发达的国家向职业教育不发达的国家提供职业教育援助，职业教育发达国家之间开展合作；另一种则是高等职业教育水平较差的国家在国际市场上寻求帮助、经验借鉴等。

2. 经济全球化为高等职业教育国际化提供物质基础

世界市场在经济全球化的大力推动下，其规模和生产力都得到了快速的扩大和提升，全球经济得到了大发展。一是在全球范围内降低了生产成本，优化了资源配置，提高了效益，但是也对劳动力市场进行了重新分配。二是经济的发展也提高了人们的生活水平，为人们追求更高水平的高等职业教育奠定了物质基础。加之信息技术、通信技术和互联网技术的发展和广泛应用，不仅使跨国间的交流变得更简单，也进一步加速了全球文化和知识的大融合，为高等职业教育国际化提供了技术支持。

3. 经济全球化要求和促进高等职业教育国际交流

经济全球化带来的效果是形成了一种以发达国家为主的，在经济、文化、卫生、教育、政治之间的双向的深入和广泛的交流模式。在高等职业教育国际交流中，一些国家的高等职业教育的理念、课程资源、师资设置等，都会在有意和无意间渗透到其他国家的高等职业教育体系中，但是教育交流是双向的，渗透也会反向进行。高等职业教育的相互渗透，也在创造着新的高等职业教育理念，一种更适合国际市场的高等职业教育体系，促进了高等职业教育国际化的发展，也从另一方面推动了经济全球化。

总而言之，经济全球化为高等职业教育国际化创造了环境和物质基础。在这种大背景下，各个国家都逐步扩大了高等职业教育的国际市场，促进了各国高等职业教育跨国发展，也进一步改变了各国高等职业教育的政策和地位。

二、高等职业教育国际化的理论

（一）教育主权理论

教育主权问题一直是高等职业教育国际化发展的重点研究领域和难点所在。高等职业教育的主权问题必须从国家主权和国家意识形态问题上来看待。在经济全球化这样一个大时代背景中，必须深入挖掘高等职业教育主权问题来厘清高等职业教育国际化的理论体系，从而实现高等职业教育国际化的理论创新。

1.教育主权的概念问题

作为民族独立的重要表现形式之一，教育主权问题是不可侵犯的，是国家主权的重要组成部分。教育主权是一个国家处理国内教育相关事务的最高权力，同时是处理教育国际交流和合作的独立自主权，不受他国干涉。因此，各国在处理教育国际化的时候，都十分谨慎，特别是在教育独立性问题上，都十分强调主权。《中华人民共和国教育法》明确规定："教育对外交流与合作坚持独立自主、平等互利、相互尊重的原则，不得违反中国法律，不得损害国家主权、安全和社会公共利益。"

学术界对教育主权的界定也有多种声音，我们选取了几个具有代表性的学术观点进行剖析。

唐安国在 1993 年率先定义了教育主权的概念，即"教育主权是一国自主处理本国教育事务以及独立处理与别国发展教育合作事务的权力，具体可分为教育立法权、教育投资权、学校审批权、教育监察权"[7]。梁家顺认为教育主权是国家主权和文化主权的逻辑延伸。[8]刘雪萍将教育主权划分成权威层面、内容层面和范围层面三个维度，并对三个维度的具体内容进行了详细的划分[9]，例如权威层面中的核心权力表现形式为教育的立法权和司法权。

按照上述观点，我们可以认为，教育主权是国家主权在教育领域的具体表现形式，是涉及教育立法、行政、司法的最高权力，是在国际环境中处理教育交流与合作的根本原则，是国家独立自主的表现形式之一。高等职业教育主权即国家主权和教育主权的内容之一，具有高等职业教育立法、行政、司法的最高权力，是处理高等职业教育国际教育交流与合作的根本原则。

明确了教育主权的概念后，还要了解另一个与教育主权相关的概念，即教育产权。潘懋元认为教育产权有广义和狭义之分。[10]广义的教育产权与教育主权主体上相似，但是在细节上有所区别；狭义的教育产权就是学校产权，如中外合作办学中，中外双方利益分配问题，属于教育产权问题，并不属于教育主权问题。按照这个逻辑来说，我们可以认为教育主权受到影响，那么教育产权一定受到影响，教育产权受到影响，教育主权不一定受到影响。只要我们明确了这个概念和逻辑，就不会把一些教育产权的问题上升到教育主权的问题上来。

2.教育主权面临的挑战

这个问题的由来是 2001 年我国加入世界贸易组织（WTO），主要原因是世界贸易组织的自身属性问题——一个强制规则的国际组织；在 21 世纪初，我国综合国力较弱，与世界其他国家，特别是部分发达国家相比，差距巨大，在教育领域竞争力不强，我们的教育主权可能会受到冲击和影响。

王建香认为，加入世界贸易组织后，我国教育开始对外开放，教育主权会受到显性和隐性的挑战。[11]我们认为，显性的因素主要是国外资本对教育产权的控制和国内人才的流失；隐性因素主要是指在国家主权层面的挑战，最直接的就是意识形态问题。杨颖认为在教育国际化的进程中，类似于中国这样的发展中国家容易被西方发达国家以"国际化"的方式实施文化侵略与扩张,使教育主权受到侵害。[12]

还有更多的学者认为我国教育主权面临的挑战主要是受到西方意识形态方面的冲击。

我们认为在高等职业教育中，教育主权受到的挑战主要有以下几点：一是在高等职业教育中外合作办学中，外方院校容易争夺办学主导权，在教学上一味按照外方意图培养我方院校学生，与我国高等职业教育人才培养目标产生偏离；二是外方来我国院校授课教师的师资水平参差不齐，损害我国学生的利益；三是外方依仗自身高水平高等职业教育资源，高额收取我国院校费用，造成我国院校资金大量流失；四是外方借着高等职业教育国际合作与交流的机会，对我国高职院校师生进行意识形态的渗透。

（二）新自由制度主义理论

20世纪90年代，国际关系中的新自由制度主义理论形成并得到了发展。这是一套有完整架构体系的理论，主要围绕国际合作这一中心观点衍生出四个核心概念：相互依赖、国际合作、国际制度、全球主义。[13]因此，新自由制度主义理论可以为我们探讨高等职业教育国际化在时代背景中所出现的问题，以及不同国家解决问题的方式和发展路径提供一些理论依据。

1.相互依赖

在新自由制度主义的理论中，两个或多个国家和地区之间出现了相互影响和相互依存的情况，我们就称之为相互依赖。随着经济全球化的进程，各国和各地区之间的经济往来日益密切，这种相互影响和相互依存的情况会越来越普遍，并随着经济发展加深。值得一提的是，跟相互联系不同，相互依赖的程度要更深一些。随着相互依赖的关系变得越密切、越深入，相关国家的经济与世界经济会逐步融为一体。这种融为一体在国际关系这个领域里，就成了荣辱与共的利害关系。而且在这种相互依赖的关系中，大部分情况都属于非对称的相互依赖关系，即双方处于不平等的地位，这种不平等的地位会让依赖性较强的单位处于被动，依赖性不强的单位会表现出一种强势的态度。支持这个理论的学者认为，这种非对称的相互依赖会出现两个特征，一个特征是敏感性，是指一个国家的变化导致另一个国家变化并为之付出了代价，而变化快慢和代价的多少是敏感性大小的衡量标准；另一个特征则是脆弱性，指的是一个国家发生变化，导致另一个国家为了应对变化调整而付出的代价。[14]

2.国际合作

在新自由制度主义理论中，国际合作概念主要是指一个国家不断调整自身的各个要素以满足其他合作国家的期望或者偏好，而且国际合作会在相互依赖的情况下进一步加强。相关学者认为用博弈理论和预期理论都可以进一步印证国际合作这一概念。[15]在国际合作中，一般会出现三个特征：第一个是自愿性，即参与国际合作的国家是自愿的；第二个是对目标的认同与承诺，即参与国际合作的国家的合作目标都是一致的；第三个是有利性，即所有参与国际合作的国家都在合作过程中获得了利益。值得一提的是，国际合作在相互依赖的情况下产生，而目前全球各个国家之间在经济、文化、科研、环境、军事、社会、政治等方面都相互依赖，互动越多依赖性越强，就会变得越繁荣。因此，我们可以认为当前国际社会相互依赖的程度在逐步加深，进而扩大了各国之间的国际合作，当然高等职业教育的国际合作也越来越密切。

3. 国际制度

为了达到各个国家一定的目的或预期期望，各个国家进而要产生出一种决策程序，这种决策程序是有原则性、规范性的，那么这就是国际制度。支持新自由制度主义的学者认为，使用武力来解决国与国之间的矛盾代价太大，因此要使用代价最小的方式，并对自身有利的方式来解决国家之间的矛盾或利益冲突，那么国际合作就是代价最小且效益最大的解决方法。作为国家之间的关系实质，国际合作首先要解决的就是国家之间的利益冲突，并使各个国家的利益或者目标一致。因此，就要形成或者创建一种使各个合作国家放弃占优的战略，使各个合作国家集体获得最佳利益结果的一种制度。同时他们还认为国际制度有权威性、制约性和关联性三个特性。国际制度的形成前提是所有参与国际合作的国家普遍认同和赞成这一制度，这是国际合作行为的一个准则，但凡要参与国际合作的国家都必须遵循这个制度，因此国际制度具有很高的权威性。前面提到的国际制度如果部分国家放弃占优，使各个国家的行为都符合国际制度所制定的规范，促进国际合作的达成，那么就会制约相关国家的一些行为，比如克服经济和政治的欺骗现象。在目前经济全球化的进程中，各国之间的交往和合作会变得越来越频繁和深入，各个领域之间的国际制度会不断扩展、交叉和融合，使各领域之间的国际制度具有关联性。

4. 全球主义

全球主义主要是指一种网络，这种网络的形成是需要各个国家付出相关代价的，是一种空间广阔且有国际联系的网络。[16]我们认为全球主义是相互依赖的一种表现形式，它不是单一联系的，而是一种连接网络，但是这种网络包含实际距离，不是一种简单的区域网络。全球主义相互依赖的维度包含了经济全球主义、军事全球主义、环境全球主义、教育全球主义、文化全球主义等多维度的国际制度，而且这些全球主义一般情况下不是同时发生的。相关学者认为全球主义的强度具有稀薄和浓厚之分，我们可以认为日益浓厚的全球主义是全球化，全球化也反映了前面提到的关联性和敏感性，具有相互关系。但是必须提出来的是，全球主义不是世界大同，也不是同质化和完全平等。

就目前来看，新自由制度主义理论主要就是随着各个国家之间相互依赖网络的不断加深，社会、政治、教育、环境等多个领域的不断融合而产生的。这些国际制度组织了一个世界体系，这个体系具有约束性和权威性，不断指导各个国家的集体行为。

（三）利益相关者理论

20世纪60年代，英国开始逐步流行利益相关者理论，它发展和流行起来的主要原因是长期奉行外部控制型公司治理模式。平衡各个利益相关者的切身权益是这套理论的核心，其途径主要要求在决策者作出决策时，平衡利益关系，争取与各个利益相关者取得最大程度的合作。这一套理论体系可以用于研究分析不同群体的利益诉求以及这些诉求对合作的影响，通过相关假设和影响方式，积极促进问题的解决。我们可以利用这一理论来分析高等职业教育在国际化进程中的各个利益相关者。

1.政府

以利益相关者理论来探讨政府在高职教育国际化中扮演的角色问题，政府就是所有利益相关者中权力最大、利益最多的角色，且这种角色的扮演、定位与其他几个利益相关者存在一定的冲突。这种冲突极易表现在高等职业教育国际化进程中，政府对高职院校和教育机构管得过宽、管得过死，一些高职院校和机构需要解决的实际问题又得不到解决，导致政府行使权力的错位与缺位现象。

2. 跨国企业

随着经济全球化的发展，高等职业教育国际化的发展离不开跨国企业的参与，但是在实际情况中，跨国企业对国际高水平技术技能人才的需求很难满足。分析其原因，主要有两点：第一点是国际校企合作水平不高，跨国企业对人才的需求，学校在专业设置、课程开发、实习实训等方面未能有效对应；第二点是政府推动国际校企合作力度不够，政府相关职能部门推出的政策不能完全落地落实，操作性不强。

3. 高职院校管理者

管理者们主要的目标是把高职院校建设成为具有一定国际影响力的教育品牌。在实际中，由于处于政府主导的管理体制之下，缺乏充分自主办学的权限，市场自主办学的意识和能力不强，在一定程度上会阻碍高等职业教育国际化的发展。同时在处理与跨国企业的关系上，高职院校除了国际合作处或者校企合作处相关管理者外，其他管理者对国际化的意识和对跨国企业的关系处理认识的深度和广度不够，对国际劳动力市场的方向性把控不到位，出现高职院校毕业生国际化水平不够，不能满足国际企业的需求。

4. 教师

谈到高等职业教育国际化，就不能撇开教师的国际化不谈，而教师的国际化包含了多种因素的国际化，如视野国际化、技能国际化、教学方法国际化等。在利益相关者理论中，教师作为院校学生的信息传递者，是重要的利益相关者，因此可以认为教师的国际化水平在一定程度上影响了高等职业教育国际化的水平与进程。

5. 学生

高职院校的学生是高等职业教育国际化的重要利益相关者，是国际化进程的重要组成部分，是国际化信息的最后接受者。

6. 国际组织

在高等职业教育国际化的进程中，国际组织显得并不太重要，但是它确实又是其中的利益相关者。部分高等职业教育国际合作需要国际组织在其中牵线搭桥。在实际中，国际组织开展的活动等对高等职业教育国际化的影响较大，但是对高等职业教育国际化的主要参与主体中的政府的影响较小。

7. 国际教育机构

在高等职业教育国际化进程中，国际教育机构可能与各国的高职院校成为合作者，并在其中促进各国院校的国际合作与交流，当然国际教育机构大多是营利性质的机构，他们的参与也会侵占其他职业院校的市场，进而影响部分高职院校的发展前景。我国的高职院校与国际教育机构的竞争关系并不明显，主要原因是我国政府教育主管部门对境外教育机构在国内的办学有较高的门槛与限制，但是另一方面也使国内高等职业教育处于"温室"中，没有真正参与到国际市场的竞争中。

8. 第三方机构

独立的、非政府的第三方机构是推进高等职业教育国际化的重要力量，但是这种力量目前表现得并不太强。

9. 媒体

媒体把高等职业教育国际化的相关信息传递给政府与大众，使其得到关注，但是这类信息可能是正面的，也可能是负面的。

（四）高等教育国际化动因理论

高等教育国际化动因理论的发展起步较晚，仅有二十余年的历史，该理论存在两种核心要素，第一种核心要素是政治、经济、学术和文化；第二种核心要素是国家和院校两个层面的二维动因理论。随着理论的不断发展和国际社会关系的不断变化，各国学者在第一种核心要素中增加了人力资源要素，在第二种核心要素中增加了国际组织和区域两种要素。

简·奈特的动因理论是高等教育国际化动因理论的基础和标志。她认为："动因是指一个国家、部门或高等院校对国际化进行投资的驱动力，反映在政策制定、国际交流项目开发和项目实施等层面，支配着人们对国际化带来的利益或成效的期望。"

简·奈特认为高等教育国际化动因理论包括政治、经济、学术和文化等4个维度和19种具体动因，在每个不同的时代，每个动因表现出来的作用和影响是不一样的。在20世纪80年代，政治动因在高等教育国际化的进程中起到了决定性的主导作用。但是随着全球经济的复苏和经济全球化的发展，高等教育被认为越来越重要，使得高等教育国际化的经济动因走向了主导位置。但是在2005年，简·奈特认为这样的动因归类有所欠缺，一些动因在一些国家和地区不能被简单归纳，例如政治和经济，它们涉及的因素很多，之间的界限和区分不明显，且相互有关。

因此简·奈特提出了一个新的高等教育国际化动因框架，把高等教育国际化动因分为国家层面（包括人力资源、经济、教育发展等）和高校层面（国际品牌、教育质量、经济等）的动因。

另一方面，随着我国高等教育的不断发展，高等教育国际化逐渐成为我国学者的关注和研究热点，相关的动因理论也被不断地提出，姚宇琦、韩宇提出了二动因理论，杨启光提出了三动因说，孟照海提出了五动因理论，李盛兵和刘冬莲试图在综合已有动因理论的基础上对高等教育国际化动因理论进行新的理论建构，但是这些理论并未产生较大的学术影响力。

参考文献：

[1]王鹏.高等教育的国际化与民族化[J].理工高教研究,2003(4)：17-19.

[2]陈学飞.高等教育国际化：跨世纪的大趋势[M].福州：福建教育出版社,2002.

[3]刘振天,杨雅文.现代化视野中的高等教育国际化与民族化[J].江苏高教,2002（6）：2-6.

[4]汪培栋,李锐.论日本高等教育的国际化[J].日本问题研究,1992（1）：54-59.

[5]杨德广,王勤.从经济全球化到教育国际化的思考[J].河北大学学报（哲学社会科学版），2000（4）:5-11.

[6]王剑波.跨国高等教育理论与中国的实践[D].上海：华东师范大学,2004.

[7]唐安国.说教育主权[J].上海高教研究,1993（1）:21.

[8]梁嘉顺.国家主权与教育主权[J].学术问题研究,2007（2）：89-94.

[9]刘雪萍,刘祥玲.教育主权分层与高等教育多元化[J].贵州

师范大学学报（社会科学版），2009（1）：123-126.

［10］潘懋元．教育主权与教育产权关系辨析［J］.中国高等教育，
　　　2003（6）：14-16.

［11］王建香.如何在开放教育市场中维护我国教育主权［J］.江苏
　　　高教，2002（5）：42-44.

［12］杨颖.高等教育国际化背景下教育主权问题研究［D］.昆明：
　　　云南师范大学，2005.

［13］王啸楠、杨守明、王农.当前中国职业教育国际化的新自由
　　　制度主义理论探讨［J］.吉林工程技术师范学院学报，2017
　　　（9）：56-58.

［14］王力军、申琳.略论新自由制度主义的"相互依赖"理论［J］.
　　　济南大学学报（社会科学版），2015（4）：39-43.

［15］康力文.关于新自由制度主义的合作理论的思考［J］.邯郸职
　　　业技术学院学报，2006（4）：15-17.

［16］秦伟.从相互依赖到全球主义：罗伯特·基欧汉新自由制度主
　　　义理论述评［J］.济宁师范专科学校学报，2006（1）：42-46.

第二章

高等职业教育国际化的国际经验

一、德国高等职业教育国际化

（一）德国高等职业教育国际化的概况

2013 年，德国联邦政府制定并实施了《职业教育国际化战略报告》。德国联邦教研部负责具体事项，在长期的发展进程中，逐步构建起较为成熟的"双元制"职业教育模式。该模式深度整合了国内力量，德国联邦经济技术部（BMWI）、德国外事局（AA）、德国联邦劳工部（BMAS）、德国经济合作与发展部（BMZ）等各司其职，共同营造出覆盖全球的伙伴关系。2013 年，由德国联邦总部主导运营的联邦职业教育研究所（BIBB）注册成立了，它也是德国推行职业教育国际化的中心咨询单位。由德国联邦政府确定的职业教育国际化战略，受到了国内众多职能部门和企事业单位的支持，从而为战略落实和推动提供了动力，该项目在两年时间内就获得了长足发展，最终得到了国际社会的响应。分析来说，德国职业培训项目之所以取得巨大成功，并收获世界职业教育界的肯定，是因为它坚持了"双元制"培训理念。德国应用科技大学深度落实了"双元制"职业培训理念，因而成为"双元制"实践的成功案例。具体来说，应用科技大学首先明确了学校和企业是人才培养的责任主体，并规定学校作为第一办学主体，担负着人才培养的主要责任，尤其应当提高人才培养质量，而企业作为第二办学主体，应当配合学校的培训计划，尤其是为学生提供实践机会。值得强调的是，应用科技大学并非把"双元制"简单视为一个宏观概念，而是把它作为培训管理的策略具体落实到培训教学的各个方面，包括教学内容、师资聘任、入学标准、进程安排等。应用科技大学规定，新入学的学生应当具有不低于半年的职业实践经验，否则入学后必须自行参与规定时长的自主选定的职业实践活动。另外，应用科技大学始终与企业保持密切的合作关系，双方协商确定教学模式、教学内容和教学手段，人才培训过程一般是 3~4 年，其中必须开设一个实践学期，在实践学期内，学生前往企业从事实践活动，积累职业经验；教师应当建议学生选用企业真实的研究课题作为毕业设计的研究内容；学校应当积极招聘具有职业实践经验的教学培训人员，逐步组建起高水平、国际化的师资队伍。概括来讲，应用科技大学在推动人才培养的国际化进程中，坚持了"双元制"教育培训理念，在各项工作中注重企业、实践、应用研究，逐步形成自身特色和自我优势，整体具备了强大的实力。

在德国，众多高等职业教育相关单位组织了多种形式的营销活动，包括应用科技大学、德国大学校长联合会议、德国联邦政府、德意志学术交流中心等，这有力地推动了高等职业教育国际化的发展。另外，德国高校积极响应政府战略，同时发挥自身在某些专业上的优势，吸引国际职业教育界和国外相关高校的注意力，确定合作关系，进行校际交流合作，大量招收赴德留学生的同时，还鼓励本国教研人员和优异学生去往他国交流学习，将德国高校"双元制"人才培养理念传播出去，从而收获了国际社会的认可和赞誉。举例来说，德国亚琛应用技术大学重视与国外高校的合作，目前已经与100余所高校确定了合作关系，每年接收大量留学生，留学生在学生总体中的占比超过了20%，这使其收获了较高的国际知名度。

20世纪90年代，德国应用科技大学会向毕业生颁发专属的Diplom（FH）学位，它标志着学生接受了完备的职业培训教育。《索邦宣言》（1998）规定了英、德、意、法进行大学合作，而且确保文凭互认，各国的研究人员和学生能无障碍地流动。《博洛尼亚宣言》（1999）进一步扩大了合作范围，提出了营建"欧洲职业教育区"的发展目标。德国政府、教育界和众多高校都为了达成这一目标而进行了多次策划，例如，应用科技大学调整了学制，将学制缩短为3~4年，会依据学生在学习和职业方面的自我规划，向他们授予对应的硕士（Master）、专业硕士（Diplom）或学士（Bachelor）等不同学位，这些变革与挑战受到了学生群体的欢迎。在随后开发出的"欧洲学分转移系统"（ECTS）中，包含了通用学习模块，提供了量化指标体系，这为确立国际通行的学位制度和实现国际间的学分互认奠定了基础，间接推动了学生的跨国流动和更广泛的交流学习。

德国的国际化素质考试对学生的外语知识提出了要求，同时要求学生有能力应用其他学科的知识来完成综合课题，在承担项目工作的过程中表现出自身能力和国际化素养，最终达到考核要求。此外，德国高校与国际教育机构保持联系，适当调整自身的学位制度，增设了"外向型"课程，组织了"设立国际性学科专业"项目，包括"汽车机电工程师""欧洲学"等，该项目得到了政府的资助。

（二）德国高等职业教育国际化的特点

1.借力第三方组织促进职业教育国际化

推动职业教育国际化进程，单纯依靠政府是不可能实现的，必须将相关的国内民间组织和国际组织等第三方组织引入其中，从而开展广泛、深入的文化、专业化交流活动，整体上推动本国职业教育国际化进程，同时惠及国际职业教育体系的发展。在德国，德意志学术交流中心与国内大部分应用科技大学建立了合作关系，各高校确定了高校留学制度，确保留学生的普遍适用原则，无论是赴外留学的学生还是赴德留学的学生，都能收获应用科技大学的奖学金，而且德国高校还在国内外开设了多个办事处，具体负责教学培训管理工作。实际上，德国已然形成了一套较为成熟的教育管理体制。在长期的发展中，德国高校、第三方组织实施了多次、多种形式的国际合作项目，从而积累了丰富的实践经验，有能力、有信心迎接各种挑战，引领和继续推动职业教育的国际化发展。

2.重视国际交流与合作

在全球化背景下，德国政府高度重视职业教育培训的国际合作，并制定了一系列政策、战略和规划。例如，出台于 2002 年的《教育与研究向世界开放：走国际化合作的道路》，系统表述了国际合作对于职业教育创新性发展的重大意义，同时提出了落实德国教科领域开展国际合作的 8 项目标，比如，"国民能够在培训教学过程中，学习和了解其他国家的文化、语言和科研进展，养成包容开放的世界观，从而增强国民的国际竞争力""强化国民国际化发展的能力""在所有教育领域促进外语教学"等。德国作为欧盟的主要国家，非常重视联盟内部的交流与合作，并主导了多次合作项目，扩大了自身影响力，同时提高了欧盟国家在教学与科研领域的整体实力。步入 21 世纪以来，欧盟国家在教育与科研领域达成共识，并成立了多起合作项目，例如"欧洲青年人第三阶段项目""达·芬奇项目"等，德国几乎参加了所有的区域性项目，并且发挥出重要作用。另外，德国还积极签署了欧盟区域协议，包括 2000年在葡萄牙里斯本签订的经济区域的协议和 2002 年签订的主题为"21 世纪全球化社会的职业教育"的国际职业教育协议。

3. 重视英语学习

德国政府和教育界深刻认识到英语学习对于自身发展的重要意义，因此在推动职业教育国际化的进程中，始终重视英语学习。例如，德国在里斯本协议中赞同确定欧盟范围内的基本技能要求，其中就包括外语能力，同时也赞同进一步提高欧盟国家职业教育证书的互认程度，倡导组织国际性交流项目，鼓励企业界参与到这些项目中。德国提议，在职业培训活动中应当加入英语教学内容，这是实现国际化、欧洲化的重要手段。德国政府的主张得到了社会各党派的认可，德国高校调整了课程安排，增设了外语课程或者增加了外语课时。2002 年，德国联邦政府颁发了《教育与研究向世界开放：走国际化合作的道路》，其中列述了多种开展外语教学的具体措施。

二、澳大利亚高等职业教育国际化

（一）澳大利亚高等职业教育国际化的概况

20 世纪 80 年代，澳大利亚政府缩减了对职业教育事业的经济补助，从业机构和从业人员必须在新形势下寻找新的出路，尤其应当开辟出新的市场，这也成为澳大利亚职业教育国际化的契机。在随后的发展进程中，澳大利亚职业教育国际化逐渐完善，并且形成了 3 类主要形式：

1. 招收海外学生

澳大利亚有独特的优势吸引海外学生。澳大利亚地广物博，周边环海，自然风光旖旎，沿海发达城市能够提供待遇丰厚的工作岗位，而且紧邻亚洲人口大国，拥有明显的地缘优势。此外，相较于西方发达国家，澳大利亚的留学成本要低得多，但是服务水平不差，留学生能够在英语学习、生活指导方面获得辅助性服务，因而能够快速融入留学生活中。另外，经过长期的发展，澳大利亚职业教育体系已经掌握了丰富的教育资源，建立起完备的质量认证体系，能够为留学生提供高品质的职业教育培训活动。正因为此，澳大利亚每年接收了大量的海外留学生。

在长期的发展中，在澳大利亚政府的主导下，澳大利亚的各高校和驻外使馆，协同推动职业教育培训战略，制定出灵活的实施手段，积极接收海外留学生。1991年，澳大利亚政府制定了《海外学生教育服务法案》，其中列述了留学生的合法权益。之后，澳大利亚政府确定了技术移民政策，降低了留学生的签证门槛。高校向留学生提供兼职岗位，任职的留学生能够获得基本的生活保障；还提供奖学金，鼓励表现优秀的留学生。亚太地区一直是澳大利亚留学生主要的生源地，为了减少语言阻碍，澳大利亚多数高校为留学生增设了免费的英语强化课程，帮助亚太地区的留学生快速融入新环境。高校还聘任生活指导员，专职负责留学生的生活起居，为他们提供辅助性服务。澳大利亚明确职业教育国际化的战略意义，重视与亚洲高校在科研、教学领域的深度合作，因而签署了共同科研、师生交换等合作项目。澳大利亚驻外使馆成为落实本国职业教育国际化战略的海外据点，并利用自身优势，采用演讲、期刊、宣传册等多种形式对外宣传。经过几十年的不懈努力，截至2011年，澳大利亚每年接收的来自世界各地的海外留学生总数增至25万人，多数高校的海外留学生的占比为15%~25%。

2. 合作办学

在国家政策的指引下，澳大利亚 TAFE 学院遵循开放办学的策略，与国际上 30 余个国家和地区的相关高校确立了合作关系，签署了合作办学的协议，双方在合作中积极落实相关条款，从而取得了良好效果。另外，澳大利亚与欧盟、东亚诸国确立了教育部长级别的合作办学共识。在此框架下，澳大利亚 TDA 学院与这些地区的相关机构签订了交流合作办学协议，包括美国社区学院国际交流开发协会、世界理工学院联盟、印度尼西亚人力资源与移民局等。根据这些协议，双方商讨未来合作领域，分享知识和技能，达成了许多共识。

在合作办学过程中，需要尊重合作高校的意见，共同制订培养计划，整合各方优势，确定多样化的人才培养模式。一般来说，文科学生前两年的课程是在国内完成的，然后在澳大利亚进修一年的课程；理工学生前一年半的课程是在国内完成的，然后在澳大利亚进修剩余的一年半的课程。完成合作办学项目的留学生，会获得共同认可的"双证书"。目前，中国许多有实力的职业技术学院与澳大利亚的高校签订了合作办学协议，并开办了双文凭专业课程，进行了广泛的师生交流，包括墨尔本 TAFE、博士山 TAFE、新南威尔士北悉尼 TAFE 等。

3.远程教育

澳大利亚 TAFE 学院引用网络信息技术建立起远程教育线上平台，平台提供了 1000 余门教育课程，从而开创了远程教育办学模式，这有力地推动了澳大利亚职业教育的国际化进程。此外，澳大利亚西悉尼 TAFE 远程学院还与中国、新加坡、马来西亚等国家的相关高校签订了远程教育协议，借助网络开展远程教育课程，海外学生能够在远程教育线上平台上接受西悉尼 TAFE 学院的教学培训。目前，远程教育体系开设了多个专业，包括工商管理、计算机应用、冶金工程、材料工程、会计、市场营销等。相较于传统的学校教育模式，远程教育更好地满足了人力资源市场的动态需求，能够灵活调整专业课程，根据市场需求调整教学计划，从而向社会输出紧缺型人才。经过长期发展，欧盟的多数国家已经认可了澳大利亚的远程教育文凭，由于中澳合作的加深，澳大利亚远程教育文凭在中国的认可度也不断提高。

（二）澳大利亚高等职业教育国际化的特点

在数十年的发展中，澳大利亚逐渐有了自身的优势，主要包括以下几个方面：

1.构建起特色鲜明的立交桥式职业教育体系

在澳大利亚政府的管控下，国内多所高校协商构建起了"国家培训框架"，它也是全国统一的职业教育与培训框架体系，具体包括澳大利亚质量培训框架（Australia Quality Training Framework，QATA）、职业培训包（Training Package，TP）、资格框架（Australia Qualification Framework，AQF）等，该体系将全国各种不同类型的教育联结为一个有机的整体，TAFE 学院作为体系的核心，在保持自身独立性的同时，还联结普通职业教育、中学教育等教育机构，并与之保持紧密联系、办学合作，从而组建起一套由多类型教育机构、教育模式、教育资源相互关联的立交桥职业教育体系。

依据国家培训框架的要求，TAFE 学院立足于区域经济现状，尊重学生期望，结合行业要求，创设和开发了专业培训包和教学课程。现在，澳大利亚创设了 12 大类、200 多个专业，同时开发出了与之适配的 1000 余门教学课程，满足了不同专业的教学需要，几乎覆盖了所有的行业，最大程度开发了学生的潜力，每年向社会输出数以万计的专业技能人才。TAFE 学院重视实践经验，社会中那些已经具备工作经历、实践经验或者专业知识的成人，同样有机会进入 TAFE 学院，他们只需要向 TAFE 学院提交申请单，然后学院会组织与其工作经历、专业知识相关的专业委员会对其进行测试、面试，考核通过之后，即可办理入学。另外，TAFE 学院的在读学生也有机会前往高校进修，而且取得的学分是广泛认可的，在读生在取得 TAFE 学生授予的文凭、证书之后，即可以毕业生的身份去应聘工作。有些学生希望继续到普通高校进行深造，澳大利亚高校承认 TAFE 颁发的文凭，这些学生可以将个人文凭转换成高校的学分。

概括来说，立交桥式职业教育体系具有通道多样、灵活选择的优势特征，它能够服务于学生的职业发展，最大程度满足学生的发展需要，留学生可以自主选定自己的发展目标，从而接受不同培训方向的教育培训，因而对海外留学生充满了吸引力。立交桥式职业教育体系在国际社会获得了赞誉。

2. 国家战略为高等职业教育国际化提供了有力保障

在经济全球化背景下，澳大利亚作为市场经济国家，其国民经济发展深受全球经济的影响，澳大利亚政府历来关注保持和增强国家经济竞争力的问题，在多个方面采取了有力措施来强化自身竞争力。例如，2004 年，澳大利亚政府通过了未来 6 年的国家发展战略规划，其中就包括职业教育在国际化的发展计划。澳大利亚职业教育在国际化的未来发展中，除了要让国民有能力参与国际竞争，在海外应聘中保持优势之外，还将"技能强国"的国家战略落实到职业教育国际化发展进程中，从而为本国企业输出更多优质人才。职业教育国际化服务于本国企业的全球化发展，使企业具有国际竞争力，从而真正落实"技能强国"

国家战略。对此，澳大利亚教育部增设了国际教育开发署
（IDP Education Australia），还在其他国家和地区开设
了 100 余个办事处。为了适应职业教育国际化的发展变化，
澳大利亚政府颁布了许多新政策、新法规，同时对 TAFE
系统进行了持久的优化设计。1992 年，澳大利亚政府增设
了澳大利亚培训局 ANTA（Australia National Training
Authority）；1995 年，澳大利亚教育部门推出了澳大利
亚资格框架 AQF，这极大推动了职业教育的发展；1997
年，澳大利亚国家职业教育研究中心先后出台了《国家职
业教育培训研究与评估策略 1997—2000》《澳大利亚国
家职业教育与培训策略 1998—2003：通向未来的桥梁》，
这为澳大利亚职业教育的发展提供了指导方向；1998 年，
TAFE 学院创设了国家培训包 TP，并开创了新学徒制（New
Apprenticeship System），引发了广泛的讨论；2002 年，
澳大利亚培训质量框架 AQTF 完成测验工作，正式开始推
广应用；2004 年，澳大利亚国家职业教育研究中心制订了
《澳大利亚国家职业教育与培训策略 2004—2010：打造
我们的未来》，同时，澳大利亚政府也颁布了一些新的法
律规制和政策，例如"学费保障计划"、《教育无国界：
教育领域的国际贸易》、《海外学生教育服务法》等，这
有力地保障了留学生的合法权益、生活需要，同时推动了
澳大利亚职业教育的国际化进程。

3. 为海外留学生量身定制了英语强化课程

为了减少非英语语系留学生的语言障碍，澳大利亚开设了多种类型的英语强化课程，澳大利亚政府每年会向这项工作提供专项资助。依据调查结果，2010年注册海外学生英语强化课程（English Language Intensive Courses for Overseas Students，ELICOS）的人数达140102人，持学生签证的占60%。近十年呈上升之势。

TAFE学院向学生提供ELICOS，语言培训中心具体负责相关工作，它首先分析留学生的语言水平、学习目的及学习能力等，然后开设不同等级的英语强化学习班,例如:（1）强化英语；（2）学术目的英语；（3）升入中学英语；（4）剑桥考试英语课程；等等。另外，澳大利亚国际教育组织（Australia Education International，AEI）在年底会发布ELICOS统计结果，其中包括不同签证类型的学生数、澳大利亚各州学生注册数、不同国别学生分布情况等基础信息。

显然，澳大利亚不仅在国家层面上开展了统计分析、政策调整等宏观管理工作，还开设了TAFE语言培训中心，向海外留学生提供英语强化课程,同时给予其他辅助性援助，以上均是澳大利亚在职业教育国际化方面所做的工作，同时表现出澳大利亚对职业教育国际化的重视程度。宏观管控、微观照料，最终为澳大利亚职业教育国际化事业带来了益处，澳大利亚在 2007 年度被评选为排名第四的最佳语言学习国，次年排名提高到第二位。

4.高职教育国际化方式灵活多样

TAFE 学院保持开放精神，与其他国家和地区的相关高校进行联合办学，在海外联合建设国际学校，并支持多种教育模式，包括学历教育、非学历短期培训等，从而吸引了一大批海外留学生。目前，几乎所有的 TAFE 学院均开设了专门机构，负责海外留学生的招收和管理事宜，例如企业国际化经营机构、国际业务发展机构。相较而言，澳大利亚在留学生专项管理方面的起步较晚，但是由于管理妥当，在几年内就取得了极大进展。依据相关统计结果，澳大利亚 TAFE 留学生规模已经超过了职业教育，这是澳大利亚职业教育国际化的重要标志。

另外，TAFE 学院还组织了多种类型、不同规格的培训项目，例如志愿者组织协调培训、专门技术培训、教育资源开发培训、行动计划培训、教师职业能力培训、专业开发培训等，各类小型的培训不胜枚举，这也有力地推动了职业教育的国际化进程。近年来，TAFE 学院还积极参加和承办了多次国际活动，包括大型运动会、大型国际会议、国际学术研讨会等，例如 2003 年的女足世界杯、2008 年的北京奥运会等。

三、瑞士高等职业教育国际化

（一）瑞士高等职业教育国际化的概况

瑞士深居欧洲内陆，国土面积 4 万多平方公里，人口 800 多万，被叫作"欧洲的心脏"。由于特殊的地理位置和独特的历史进程，瑞士成为法、德、意——欧洲三大语言和文化传统的交汇点，一百多年来形成了一个由 26 个拥有独立主权的州组成的联邦国家，每个州都享有高度的自主性。其国家传统表现出的巨大的多样性充分地反映在瑞士职业教育的国际化进程中，"国际化"几乎成为瑞士职业教育发展的主要特征。一方面，瑞士职业教育机构中的外籍教师占有相当大的比例，在两个联邦技术研究所中这个比例为三分之一。另一方面，在瑞士读书的外籍学生所占的比重也超过澳大利亚、奥地利和英国，位居世界前列。据统计，在瑞士的外籍学生大约占学生总数的 15%，在日内瓦和洛桑等地，这个比例占到 35%，在瑞士的研究生中甚至有 40% 是外籍学生。瑞士与欧共体国家互相承认学历文凭，这一措施加强了瑞士与其他欧洲国家的合作与交流。就以酒店管理教育来说，瑞士早期开设的酒店管理学校主要面向欧洲学生，因此教学用语是德语、法语，随着欧洲以外国家和地区的留学生不断增多，酒店管理教学与培训就必然作出调整。随着瑞士酒店行业的快速发展和国际影响力的扩大，酒店管理教育对海外留学生的吸引力也不断增强，许多人把前往瑞士学习酒店管理专业纳入个人发展计划之中。同时，瑞士的大型酒店集团抓住市场机遇，不断开设新的酒店管理学校，大量招收海外留学生，在此过程中获得经济收益，也培育出一大批优秀的酒店管理人员和员工。

（二）瑞士高等职业教育国际化的特点

1.完善的相关政策法规为高等职业教育国际化提供了制度保障

1930 年，瑞士政府制定并实施《职业培训法》，其中表述了联邦政府在职业教育与培训事业中的权责问题。1963 年，瑞士政府制定并实施了《职业教育法》，这为职业教育体系的发展奠定了法律基础。之后，在新的形势下，为了满足国民经济的发展需要，瑞士政府经多次修改，分别于1978年和2004年颁布与修订了《职业教育与培训法》。瑞士政府始终保持对产业结构、市场形势的高度敏感，并且动态调整了职业教育与培训的相关法律，从而保证了本国的职业教育与培训能够"积极响应国际职业世界和劳动世界的显著变化"，"最终服务于经济社会发展的新需求"，这也为瑞士职业教育的国际化打下了坚实的制度基础。

2. 确立分工明确的高等职业教育国际化管理机制

面对复杂的相关管理工作，瑞士成立了多层级的教育主管部门，同时明确各个部门的权责，要求它们共同参与到职业教育与培训的管理事务中。瑞士政府并未设立联邦教育部，只是在各个州中保留了本州的教育管理机构，具体负责本州的教育管理工作，同时保留了市镇在教育管理方面的高度自主权。联邦政府通过联邦职业教育与技术办公室（Federal Office for Professional Education and Technology，OPET）对职业教育国际化过程进行管理。州立教育管理机构拥有法律实施、VET 课程监管的权利，行业协会、企业界负责制定 VET 课程，以及开展学徒培训、制定行业资格标准等，但是禁止它们直接参与职业教育与培训的管理工作。可见，瑞士职业教育与培训采用了"三元制"的运行体制，联邦政府、州立教育管理机构以及企业、行业协会共同参与其中，同时明确各自权责，共同促进职业教育与培训的发展。

3. 积极开展高等职业教育国际合作

经过长期的发展，瑞士职业教育形成了自身优势，对海外留学生拥有巨大吸引力。凭借自身优势，瑞士职业教育机构积极地与海外教育研究机构达成合作关系，从而更加便捷地接收和培训海外留学生。例如，瑞士境内建成了多所应用科技类大学，它们长期注重国际合作，尤其与欧盟国家签订了联合办学的协议，较早参加了欧盟 Erasmus 交换学生项目，每年都与其他欧洲国家进行大规模的师生交换。现在，越来越多的海外高校与瑞士职业教育机构建立了教学与研究合作关系。为了减少海外留学生的语言障碍，瑞士应用科技类大学鼓励英语授课方式，提供了 20 多个英语强化项目。经过多年的努力，在瑞士应用科技类大学的师生群体中，有超过 16% 的学生和接近 20% 的员工来自其他国家和地区，而且国际化程度还在不断提高。

四、新加坡高等职业教育国际化

（一）新加坡高等职业教育国际化的概况

从 20 世纪 90 年代起，新加坡政府设想通过实现职业教育国际化来打开国际教育市场，在发展本国教育产业的同时，同步增加高等职业教育的"出口"，同时能够服务于本国经济的发展，最终收获综合效益。依据相关统计结果，1986 年，新加坡国际教育服务总产值是 7.1 亿新元，到了2002 年激增至 33 亿新元，占当年经济总量的 1.9%，在此期间，年均涨幅接近 8%，总产值扩大了接近 5 倍。2002年，新加坡接收的海外留学生总数约 5 万人，广泛分布在新加坡 1800 多所高职院校中，这些高职院校聘请了大约4.7 万名教职人员。依据新加坡教育服务中心的官方统计，2002—2006 年，新加坡每年招收的海外留学生的数量保持平稳增长态势，分别是 5 万名、6 万名、6.6 万名、7 万名、8.3 万名，而且生源地分布也更加广泛，越来越多的国家和地区与新加坡确立了师生交流项目。此外，依据统计局公示的《经济调查简报（2005 年度）》，新加坡共成立了 3200 所教育机构，拥有 54800 余名从业人员；全国教育产业的总规模超过 24.7 亿新元，盈余 8.4 亿新元，在国民生产总值中的占比达到 4%，成为国民经济体系中最具活力的产业之一。

新加坡政府教育发展的方针是"教育必须配合经济发展"，因此，职业教育在设置学科、选择课程的过程中，必然要考虑经济建设的需求。在操作上，优先将有利于经济发展的优势学科设置为职业教育的必修学科，而对于那些与经济建设关联不大的基础学科，则采用"拿来主义"，通过引进其他国家的教育资源进行弥补。此外，新加坡政府、教育部门还坚持对职业教育课程进行动态调整，多数课程是与国际接轨的。另外，采用学分制进行教学管理，适合课程调整的需要，同时有利于发掘学生的潜力。

（二）新加坡高等职业教育国际化的特点

1.国际化的教育理念

为了满足经济发展需要，新加坡政府希望开拓国际教育市场，因此明确了职业教育国际化的发展理念，这促使新加坡职业教育的发展进程表现出明显的"国际化"特征。

20 世纪 70 年代，新加坡政府把"促使学生拥有全球化眼光，能够在国际竞争中保持优势"作为四项教育目标之一。1993 年，新加坡政府又提出了"努力挖掘学生的学习潜力，培育学生的综合素养，扎实学生的基本技能，有能力、有信心参与国际竞争"的教育目标。步入 21 世纪之后，新加坡政府对中学以上学历的学生提出希冀，希望他们"扎根本国、放眼世界"。由此可见，新加坡的职业教育因时代的变化而变化。

2. 国际化的课程体系

本着服务经济建设的目标，同时助力职业教育的国际化发展，新加坡在编制课程时以实践方向为主，保持创新性思维，开设了范围较广的多类课程，构建起与国际接轨的课程结构，有利于提高学生的综合能力。例如，5 所理工学院开设了结构化、多类型的专业课程，包括网络通信、海洋技术、酒店管理、传媒技术、机械工程、冶金工程、生物化工、建筑施工、材料工程、会计等课程。另外，新加坡理工学院的专科文凭得到国际社会的认可，而且在读学生还能够将拥有的文凭转换成普通高校的学分，从而到普通高校或海外大学进修或深造。

3. 国际化的教师资源

为了满足国际化发展的需要，新加坡从海外引进了一大批教职人员，从而保证了教师职业的国际化特征。具体来说：首先，新加坡确立了国际化的招聘政策，向海外教职工提供良好的工作住宿环境、高薪待遇和福利政策，因而吸引了来自中国、日本、美国、英国、加拿大、德国等多个国家的高水平教师资源；其次，实施教师进修奖学金制度，为在职教师的进修提供便利，他们能够前往海外综合型大学攻读更高学历，进一步开阔了教职工的国际眼光；最后，积极学习和引进国际上的前沿理论和技术成果，鼓励教师参加国际学术会议，支持教师参加新技术培训，确保在职教师的知识储备不落于人后。

4. 国际化的教学方式

参考德国的"双元制"职教模式，新加坡开创了"教学工厂"高职教学方式，这种教学方式以南洋理工学院为代表。在此教学模式下，教学体系中引用了现实存在的工厂环境，教学与实践得以结合，学生在"教学工厂"中能够得到"教育与训练""工业项目及服务""能力与技术转移"等，从而提高了学生的实际应用能力和合作精神，同时满足了教学课程服务于工业发展的需求，宏观上实现了学院与企业的结合，推动了市场的进步。

5. 国际化的教育合作

新加坡积极推进国际化的教育交流与合作，新加坡教育机构与其他国家和地区的教研单位建立合作关系，联合办学、合作科研，尤其重视与发达国家和知名高校的办学交流，这有力推动了本国高职教育的国际化进程。在长期的发展中，新加坡坚持走职业教育国际化的道路，积极学习前沿的理论、技能，保持与其他国家、高校的合作与交流，开阔了自身的国际眼光，同时在国际教育产业中抢占了一席之地。

五、英国高等职业教育国际化

（一）英国高等职业教育国际化的概况

英国是老牌的职业教育大国，每年吸引大量的海外留学生，仅中国大陆每年就向英国输出逾13.5万名留学生，其中约10万人接受的是职业教育。凭借自身优势，英国政府致力于扩大在国际教育市场中的占有率，同时注意提高自己的国际影响力，因此在招收留学生方面制定了多种扶持政策。可以从三个方面分析英国职业教育国际化的发展路线：第一，扩大招生规模。一些调查揭示了一个现象，那就是相当比重的留学生希望能够在英国获得硕士学位，其中尤以亚洲和中东地区的留学生为代表。第二，主动出击，积极与海外教育机构合作办学，推动发展跨国教育。目前，跨国教育主要存在两种形式，其一是英国高校在海外建立分校，已经有65%的职业教育机构在国外开设分校，并招收了约27万名学生；其二是在海外大学开设英国学位专业，提供英国职业教育课程。第三，构建线上平台，兴办网络教学。人们对网络教学的接受程度不断提高，年轻人习惯于通过网络获取信息和知识，这就为网络教学提供了现实基础。目前，许多英国高校已经开设了网络课程，海外学生可以随时随地进行线上学习，从而提高了职业教育的灵活性和人性化，也因此吸引了更多的海外学生。目前，英国的职业教育国际化已经取得极大进展，在国际教育界和留学生群体中享有盛誉，在国际教育产业中的占比也连年攀升，这为英国财政带来了丰厚的收益。

（二）英国高等职业教育国际化的特点

1. 为国际化提供资金保障

依据《国际学生对英国经济产生的效应》（2004），过高的留学费用会削弱英国高职教育对海外留学生的吸引力，对此，英国政府提供专项财政补助，用以降低留英成本，从而保持自身在国际教育市场的优势地位。为此，英国政府开设了奖学金，并逐步提高奖学金的覆盖面、金额，主要包括高校奖学金、政府奖学金和学术团体奖学金等几种类型。英国重视对国际优秀人才的引进工作，制定了"海外研究生奖励计划"，并投入逾100万英镑的扶持资金，重点引进中国、俄罗斯、印度等国家的优秀人才，基本覆盖了医学、机械工程、金融理财、社会化科学等重点学科，能够保证他们在规定的3～4年进修时间内，获得良好的生活保障。该计划是由政府主导的，同时接收企业界的经济支持，因而吸引了帝国理工学院、牛津大学等 24 所知名高校的参与，申请人可直接向这些大学申请奖学金。此外，苏格兰政府从 2007 年开始每年向国际奖学金项目投入 54 万英镑，主要用以补贴国际往返机票、生活费和学费。概括来讲，英国在推动职业教育国际化的过程中，重视经济因素的作用，并开设了多种形式的奖学金，全国每年提供的各类奖学金总量超过 3.2 亿英镑，其中有 2 亿英镑专用于欧盟的国际留学生。

2.不断完善留学生政策

制定于 20 世纪 80 年代的留学制度，最初并不被看好，这是因为留学生无法从中获知招生流程、课程信息和设备保障，教育机构与招生人员各自为政，彼此之间的信息沟通匮乏，这不利于招收留学生工作，也损害了留学生的权益。到了 20 世纪 90 年代，英国文化委员会颁布了《教育机构与留学生工作规范》，有效补充了早期留学制度的缺陷，其中规定了针对留学生的入学程序、学术事务、福利待遇、信息供给等问题，同时对招生人员的行为作出了规范，因而切实维护了留学生的权益，有利于职业教育的国际化发展。之后，英国的留学生数量逐渐扩大，英国政府增设了多个海外签证申请中心，为留学生办理签证事务提供便利。2007 年，英国政府进行签证制度改革，允许办理"短期留学生签证"，留学生可以在英国接受为期 6 个月以下的职业培训、语言强化训练。次年，英国政府又通过了一项新的留学生签证制度，即"计点积分制"（Points-Based System），申请人凭借自己的薪资、受教育程度、对英国文化的了解、年龄等要素，证明自己符合客观标准，能够为英国做出贡献，即可获得相应的点数，如果积累的点数足够多，申请人就能够拿到签证，有机会前往英国进修深造。"计点积分制"是签证体系的一次创举，现实应用的范围逐渐扩大。

3. 课程体系国际化

英国在课程编制方面也颇费气力，逐步制定出多形式、多层次、灵活性的课程体系，主要包括基础学位课程、学位课程、语言课程和文凭与证书课程等大类，还在积极开发国际化课程，保持与国际职业教育界接轨。英国国际化课程的主要形式有：开设国际主题的新课程、提供国际网络课程、开设专门的国际教育课程、地区性或国别研究课程、将国际化元素加入现有课程中等。许多高校支持留学生首先在本国合作高校中完成 2 年的基础课程，然后前往英国接受剩余 1 年的专业课程。英国高校与境外多所高校签订了证书互认协议，尤其重视与欧盟教育机构的合作事宜，境外学历互认项目已经取得积极进展，现在，欧盟国家正努力实现"学分交换"机制，这得到了英国高校的赞同，有利于继续扩大地区性的人员交流。2007 年，英国教育部门、教育行业和高校决定压缩本科教育的年限，从 3 年减少到 2 年，但是保留了所有的课程，从而在保证教育质量的同时，最大程度降低留学成本。

4.严格的质量监控体系

早在 20 世纪末，英国政府就开设了高等教育质量保障署，旨在构建质量保障体系，用以巩固和提升职业教育的品质。英国政府定期评估各高校的学术研究、教学质量，并把评估结果公示于官方网站，海外学生可以据此择校，同时有利于提高英国高校的整体办学水平。此外，高等教育质量保障署还负责监管英国高校海外合作教育机构的教学，这增加了英国高校海外办学的信心，同时有利于提高海外办学的课程质量，确保海外学位授予的标准。步入 21世纪之后，依据相关政策规定，只有获得高等教育质量保障署审批通过的海外合作办学项目才能最终生效。在长期的发展中，英国高校确定了质量管理机制，开设了专门机构用以巩固和提高办学质量，进行广泛的自我评估，始终与国际职业教育界保持接触。随着公众对职业教育的关注不断加强，舆论也喜欢对高校的教育质量进行报道和评估，这实际上发挥了监督作用，例如《卫报》《泰晤士报》的相关报道，总是能够引起社会上的热烈讨论。

六、美国高等职业教育国际化

（一）美国高等职业教育国际化的概况

从 20 世纪 90 年代起，美国就开始部署 21 世纪以后的职业教育事业，并颁布了《美国 2000 年教育目标法》，要求职业教育应当保持全球意识，适时调整人才培养目标和课程体系。长期以来，美国承受着外语人才短缺的问题，对此，美国在 2006 年全面开启了"国家安全语言计划"，该计划覆盖了从幼儿园到大学的英语学习全过程，致力于提高学生的外语能力、多元文化交流能力，从而培育出能够更好地适应国际竞争的综合型人才，这也符合美国国家层面的人才培养战略，被美国职业院校界定为基本的发展目标。首先，编制出多种形式的外语课程，初步实现课程国际化。一个基本的经验是，师生采用当地语言进行沟通，才能让教学过程和课程学习摆脱语言的束缚，让学生充分理解地域文化特征的同时受益于国际化的课程设计。可是，美国学生的母语便是英语，英语是国际通用语言，因而学生在潜意识中认为没有学习外语的必要，同时各级学校也有意压缩了外语教学的课时，最终导致美国外语教学的失利。在此背景下，美国社区学院开设了多种形式的外语课程。依据 CCIE 组织的调查结果，有 84 所社区学院开设了 27 种外语课程。其次，完成国际化学科的留学生能够获得副学士学位及证书，这是实现课程国际化的重要举措。目前，美国的一些社区学院开设了许多国际化程度很高的学科，例如国际营销、多元文化研究等，并为这些学科设立了副学士学位，完成学科学习的学生还能够获得相应的证书，这有力地推动了校内课程国际化。最后，各级政府加大财政投入，助力课程国际化的深度改造。依据统计结果，美国社区学院在 2012 年度的财政收入中，学费只占到总量的 28.9%，而由各级政府提供的补贴资金的占比却超过了61.4%。在获得充足资金的情况下，社区学院有能力开展课程国际化建设，增设国际化课程内容，并大力推进教学内容改革。

（二）美国高等职业教育国际化的特点

1. 构建国际化课程体系

职业教育国际化的一个突出标志便是实现课程国际化。美国社区学院开设了国际经济、国际贸易等学科，同时对早期的课程体系进行改革，新增一些国际化内容，可行的做法包括自行编写教材，适量接受国外教材中的内容，或者直接选用国外教材，或者将国外相关教材、著述设定为教学参考书目。此外，社区学院对国际前沿进展保持敏感度，实时向学生传播最新的理论成果和技术成就，培养学生的国际眼光。职业教育的国际化并非彻底地"忘本"，在国际化进程中同样应当注重区域性研究，致力于彰显本国职业教育的优势特征。

2. 制定高等职业教育国际化的法规

为了保证高等职业教育国际化进程，美国政府颁布了相关法规，例如《国防教育法》，其中就提到了"高等职业教育学校和社区学院应当重视外语教学"。对此，美国各级政府每年向外语教学提供大约 800 万美元的补贴资金，用以开设语言区域中心，或者提供语言奖学金。美国政府和教育部门重视国际教育的发展，希冀学生能够放眼世界，保持开放精神。在相关法规的支撑下，美国政府通过提供项目基金或者开设奖学金的方法，着力推动职业教育的国际化发展，相关成就包括：教育文化事务署设立的"本杰明·吉尔曼国际奖学金项目"，美国国务院设立的"富布赖特项目""教育与文化教育交流"，等等。

3. 大力招收海外留学生

随着欧盟国家、澳大利亚、日本等国在职业教育领域的成就越来越大，它们对美国形成了强烈冲击，海外留学生有了更多可选的留学意向地。对此，美国政府增加了资助项目，扩大了资助规模，例如，教育部设立了"教育部第五大计划"、国务院启动了"教育与文化交流项目"等等。此外，许多高校也向留学生提供多种形式的奖学金，从而增强对海外留学生的吸引力。依据相关统计结果，美国 2007 年度共计招收 1482896 名留学生，在全国学生总数中的占比为 4.3%，他们来自全球 168 个国家和地区，其中有 894000 人就读于社区学院、职业技术学院。另外，美国在吸引海外学生到美国留学的同时，也鼓励本国学生到国外学习，接受其他国家的职业教育，同时将自己国家的技术、文化等传播出去。

七、高等职业教育国际化主要经验总结

发达国家较早开启了职业教育的国际化进程，逐步培育出了自身特色，积累了丰富的经验，也取得了巨大成就，在国际社会享有盛誉，我们有必要对此进行总结，并且有选择地进行借鉴，从而推动中国职业教育国际化发展。

（一）完善的高等职业教育国际化政策

政府对高等职业教育国际化具有主导作用，应当从国家战略的高度，制定相应的政策，及时引导不同重点的国际交流与合作。比如美国通过法案的方式，设立多种基金，吸引国际优秀的学生和研究者，包括《国防教育法》《富布赖特法案》《职业技术教育法》《2000 年目标：美国教育法》等。在《2009 美国复苏与再投资法案》中，教育方面的投资占总投资额度的 18%，奥巴马执政后经常去社区学院演讲，还设立了"社区学院合作伙伴项目"等。完备的法规政策为职业教育国际合作与交流奠定了基础，同时为相关工作的实施提供了指导。

（二）积极开展高等职业教育国际合作与交流

国际交流与合作始终是高等职业教育国际化不变的主题，采取多种形式的交流合作项目，有利于实现区域性和国际范围内的职业教育国际化发展，常见的形式包括出国留学、师资交流、合作办学、国际会议等。美国、英国、澳大利亚等国家都开设了与国际接轨的课程，同时与经济社会保持紧密联系，还采用国际上比较通用的学分制和选课制，以实现课程的国际化与标准化；高等职业学院还采用以质量控制课程的方法、外校评审其课程的制度，以引起对课程评价的重视，在人才培养质量方面也能达到国际化标准。

（三）培养国际化师资

教师是职业教育实施和国际化的核心资源，实现师资的国际化是推动职业教育国际化的必然要求，这也是发达国家重要的成功经验。首先，招聘和奖励具有国际理念的教师。主要为教师提供舒适的环境、诱人的薪资等优惠条件，招聘水平高、技能高、能力强、素质高的一些外籍教师。其次，强化教师的专业国际化成长。其实，多数教师乐于参加学生研讨会，以提高个人修养和专业水平，保持自身的国际化视野。最后，丰富教师的国际经验。在教师去海外学习、深造方面制定了相应的制度，支持教师进修，读更高一级的学位，接受最新的科研成果，学习和研究其他国家的文化精神，同时丰富教师的国际经历和经验。

（四）不断完善留学服务

目前，人们习惯于采用留学生教育及其发展规模来评价职业教育的国际化程度。发达国家为了发展留学生教育，在财力、物力、人力等多个方面进行投入，整体收获较好。具体来说：首先是发达国家重视海外宣传，改善本国职业教育的形象，传播自身特色，吸引更多的海外留学生；其次是设立奖学金吸引留学生，发达国家通常会为留学生提供多种形式、不同规模的奖学金，包括政府奖学金、学术奖学金、高校奖学金等，奖助金额不同，基本上能够覆盖多数学生，而且向他们提供其他援助性帮助，例如报销飞机费、提供生活管理等。以新加坡为例，教育部门设计出了完备的"海外留学生经济资助计划"，其中包含学费贷款计划、奖助学金计划等，学费贷款面向所有学生，最高申请额度占到学生应交费用的 80%，而且是免息的。另外，有经济压力的留学生还能向学校申请助学金，其额度是 1500 新元 / 学年。

第三章
我国职业教育国际化历程

一、清末洋务运动到一九四九年的职业教育

（一）清末洋务运动时期的职业教育国际化历程

1862 年和 1867 年分别在北京和福州建立的京师同文馆和福州船政学堂是中国第一批具有职业教育性质的学校。当时清政府引入西学的缘由并非社会的发展趋势，而是迫于鸦片战争的战败，不得已而为之。

1. 历史背景

19 世纪末，清朝政府统治的中国已经进入了封建时代的末期，欧美资本主义国家靠着在当时更为先进的制度体系和科学技术迅速崛起，开始侵略中国。1840 年爆发了鸦片战争，清政府战败，中国沦为半殖民地。鸦片战争后，

一批先觉者开始认识到，儒学传统教育的内容和方法已经远远不能满足当时经济社会发展的需求。清末思想家魏源提出"师夷长技以制夷"的思想，对当时以儒学为主的封建教育进行了抨击，他指出"上不足制国用，外不足靖疆圉，下不足苏民困"，要求在四书五经之外增加经世致用的知识，如西方先进的科学技术知识、军事技术等，"以实事程实功，以实功程实事"。国难当头，一些开明官吏、有识之士寻找救国自强之路，"师夷制夷"的呼声蔚然成风，主动借西法以自强求富，明智地选择了近代化这条路，洋务运动就此展开，同时也开启了中国近代职业教育的发展历程。

2. 洋务运动发展情况

从洋务运动的整体发展来看，清末西学课程的引进主要经历了四个阶段：第一阶段，由于中外外交谈判日益频繁，需要懂外语的人才，因此设立了西学课程学校，在这个阶段我们把西学理解为"翻译之学"。第二阶段，引入西学，由于清政府认识到军事实力处于敌强我弱的现实状态，故开设学堂学习技术课程以培养军事人才，这个阶段我们可以把西学看成是"制器之学"。第三阶段，甲午战争战败后，清政府一些开明的官吏震惊于日本明治维新的效用，故引入西方政治课程以求变法革新，这个阶段我们可以把西学看成是"政治之学"。第四阶段，清政府开始反思洋务学堂所开设的学习内容无所用之以及因频繁战乱导致民不聊生的社会境况，故转而将西学内容聚焦在实业上，这个阶段我们可以把西学看成是"技艺之学"。

（1）翻译之学

鸦片战争之后，清政府与西方列强的外交活动日渐频繁，而当时翻译人才稀缺，且知识欠缺，所以培养精通西文的外交人才的需求越来越迫切。

1839年，美国传教士莫里森学校创办了教会学校，在该所学校使用的课程被认作为中国最早期的西方课程。中国第一位留美博士容闳曾在这所学校学习过，他在回忆录里提到这所学校所设置的课程，"校中教科为初等之算术、地文及英文、国文。英文教课列在上午，国文教课则在下午。予惟英文一科与其余五人同时授课，读音颇正确，进步亦速。予等六人为开校之创始班，予年最幼。"[1]澳门属于当时通商口岸地区，该地区对会英文的人才有一定的需求，而当时唯一提供英文课程的学校也仅有教会学校。然而，教会学校的教学目的是传播基督教文化，但基督教文化与中国传统的儒家文化不相容，由于缺少学生而难以生存。

在鸦片战争以后，清政府被迫与西方列强签订了一系列不平等条约，因此熟悉西文的人才极为稀缺。到了1860年，清政府由于软弱，被迫签订了不平等的《北京条约》，并且重新将《天津条约》里的条款做了更加丧权辱国的修订。在重新认定的《天津条约》中，在对中英、中法交涉中明确限定了交涉语言，"即以后在与中国的交涉中，只使用英文和法文，在三年内暂时配送汉文，待中国选派学生学习外文以后，即停附中文，如以后有关交涉文件中发生文词争议，均以外文为准"。这一侮辱性条款，迫使清政府认识到翻译人才的重要性，因此清政府总理衙门在1862年提议设立京师同文馆，学习西文，培养精通西文的翻译人才。

西文的学习是当时中国认识西文的第一步，也是洋务运动的开端，当时清政府一些开明的官吏认识到西文的学习不仅仅是用于中外交流翻译之用，更应该是作为认识西方科学、传播西方科学的工具。李鸿章提出："彼西人所擅长者推算之学、格物之理、制器尚象之法，无不专精务实，渊有成书，经译者十才一二，必能尽阅其未译之书，方可探赜索隐，由粗浅而入精微。我中华智巧聪明，岂出西人之下。果有精熟西文，转相传习，一切轮船火器等巧技，当可由渐通晓，于中国自强之道似有裨助。"[2]因此，设立在江南制造局的上海广延学派，不再把翻译研究作为西方语言研究的主要目的，而是把西方语言研究作为学习船舶武器技能的手段。后来，同文馆、粤语方言学校等新兴学校开设了从西文到科学、力学、武器的翻译课程。

（2）制器之学

清政府的开明官员认识到，培养懂西语的人不是国家自强的有效途径。新式学堂开设的课程由西文翻译之学转变为西方科学，洋务运动改良派认为西方科学源自算学和天文。"盖以西人制器之法，无不由度数而生，今中国议欲讲求制造轮船、机器诸法，苟不藉西士为先导，俾讲明机巧之原，制作之本，窃恐师心自用，徒费钱粮，仍无裨于实际，是以臣等衡量再三而有此奏。"[3]天文学与数学课程的开设，标志着中国近代第一所学校办学方向和课程设置的重大突破。于是新学派逐渐开设了自然科学课程，从一个翻译学派转变为一个实用科学学派。1866年，闽浙总督左宗棠在福建创办了福州船政局，这是中国历史上第一家船厂，并且在福州船政局内设立了中国第一家具有职业教育性质的学校——福建船政学堂。左宗棠聘请法国海军军官日意格和德克碑为船政正、副监督，约定5年内完成造船和育才任务。

（3）政治之学

在中日甲午战争战败后，清政府改良派认识到西方列强不仅仅是在造物技艺方面领先当时的中国，西方列强的政治也强于中国，他们认为洋务运动不仅可以学习西方列强造物技艺，更可以学习西方政治，于是西学也开始转变为西方政治学习。当时西方政治学习主要是通识类课程和专业课课程相组合的课程结构。

改良派虽然提出学习西方列强的政治制度，但其中心思想仍然是儒家思想的"士者治人"，学堂所培养出来的学生的出路仍然只是"为官"这一条道路，然而为官者毕竟只是少数，学习西方政治无用，进一步加深了当时的社会矛盾。随着戊戌变法的失败，慈禧太后下令关闭了所有的新式学堂，改良派也将学习西方政治进一步转变为学习西方技艺。

（4）技艺之学

洋务运动前面阶段引入翻译、制器、政治的种种常识，让当时社会的人们了解到西方列强的强大还是源于工艺技术的发达。同时洋务运动投入巨大且学而无用的境况，进一步加剧了当时社会的矛盾。由于以上原因，引入西方技艺之学取代政治之学的呼声日益高涨。富国裕民成为当时社会发展的当务之急，所以开明之士开始主张多设实业学堂。清政府派遣学生出国学习专门之学，选择翻译农工商矿之书，毕业归国后根据优劣授予官职，委任各省农工等艺学堂，以此开风气。1897 年，为了改善被日本赶超后国内蚕丝业日趋不振的局面，清政府效仿日本首创养蚕学堂，以改良蚕种和养蚕技术。杭州知府太守林迪臣创办了浙江蚕学馆，这是我国近代第一所农业职业学校。

引入技艺之学主要是当时社会经济发展的需要，因此学校教育的内容与生产实际结合紧密，以解决生产中实际问题为主要目的，强调针对性与实用性。兴办技艺之学确实也解决了当时中国经济窘迫的社会问题。

3.总体规模

根据前面提到的西学引入情况，我们可以将洋务运动中创办的实业学校分成翻译学校、军事学校、技艺学校三个大类，其中技艺学校更具有职业教育的性质。福州船政学堂、上海机器学堂、福州电报学堂是近代中国最早的技术学校，具有很强的代表性。

清政府在洋务运动的30多年中共创建了20多所实业学校，就专业分布来看主要涉及农、工、商、矿、铁路、电报、航海等专业，就地域分布情况来看主要分布在沿海一带的通商口岸和中外交通的陆上枢纽城市，如南京、天津、武昌、上海、广州、吉林、山海关等地。

4.职业教育实施情况

（1）教学内容与形式

洋务运动开办的新式学堂在教学组织形式上一改封建社会师徒制一对一或一对几的授课模式而采用班级授课制，扩大了教育对象。除了基本的教学方法外，同行们还采用观察、示范、教学实践等方法，使课堂教学与实践教学紧密结合，体现了学以致用的原则，取得了良好的教学效果。从教学内容上看，洋务运动开办的新学派虽然学习了近代科学技术知识，但仍保留了部分"经史研究"成果，由原来的"经史研究"转变为西方近代科学技术知识。当时的课程由民族文化、修养、历史组成的文化课和数学、格智、自然组成的基础课以及不同方向的专业课组成。

（2）师资情况

当洋务运动开办新式学堂时，中国当时合格的教师寥寥无几。在中国，只有少数合格的教师经过一些正规的培训后，才有资格在新式学堂接受教育，而且大多数中国人仍然认为技术是古怪的。在当时的学校里面，外籍教师几乎是学校师资的中流砥柱，真正的专业核心课程都是由外籍教师任教。招聘外籍教师已成为寻找教师的一个重要途径，在洋务运动早期创办的新式学堂里几乎全是外籍教师。

大量招聘外籍教师在一定程度上缓解了新学科教师短缺的压力，但是并没有解决根本问题，仍然摆脱不了受他人控制的局面，在教学中对外籍教师产生了依赖。当然，大量招聘外籍教师在当时引起了不少的议论，比如聘请外国教师费用很高，甚至有些学堂引入外籍教师的费用占到了学堂开支的一半；教学效果有限，主要是学生基础较差，不能适应外语教学，师生间交流困难；外籍教师对当时中国社会的现状不了解，教学脱离实际；等等。

5.特点简述

洋务运动开办实业教育在中国教育史上是前无古人的，其建校、经费开支、招生、任命与奖赏等都是清政府下旨执行，所以清政府在实业教育活动中发挥了主导作用。清政府以政权的力量，积极创建各类实业学堂。从洋务学堂创始人的角度来看，创始人都是清政府的有权官员，主要是亲王、总督、巡抚等。从经费来源看，早期的新学校是由清政府或清政府管理的工矿企业分配的。只有到了中后期，才逐渐出现了少量的个人捐赠。新式学堂的学生多为清政府定向培养，毕业后到清政府指定的岗位工作，大多由所属的洋务运动官僚直接派往所附属的洋务机构中任职，不存在供求问题。

洋务运动是封建传统教育改革的第一次实践。在通识教育普及之前，它率先创办了具有职业教育性质的工业教育，开了与西方发达国家开展职业教育国际合作的先河。虽然西方洋务运动的传入是零星的、不完整的，其教育实践也存在一定的缺陷，但职业教育洋务运动毕竟遵循了历史发展的规律，开启了中国职业教育近代化的序幕，也是中国近代工业教育思想和体系形成的准备工作。

（二）民国时期职业教育国际化历程

职业教育在洋务运动后、辛亥革命前，特别是清末新政后，都有一定的规模。据不完全统计，1909 年全国共有实业学堂 254 所，学生 16649 人。[4] 1911 年，辛亥革命的爆发推翻了统治中国 2000 多年的封建君主制度，"中华民国"随之成立。

1. 历史背景

民国时期，国内工业迎来了快速发展时期，其快速发

展主要有三个原因，第一是因为国际环境相对轻松，在第
一次世界大战时期西方国家忙于应付战争，第一次世界大
战后西方国家正在从战争中恢复，便放松了对中国的侵略，
给中国社会的经济发展留出了宝贵的发展时间；第二是民
国政府逐渐认识到工业在综合国力体现中起到的重要作用，
所以逐步采取了一系列振兴民族工业的政策并颁布了相关
保护工商业等政策；第三，1919 年，北京爆发了五四爱国
运动，在五四运动中出现了抵制洋货的行为，这也为国内
工业发展提供了发展机会。以 1903 年至 1908 年为例，每
年平均登记工厂数目只有 21.7%。1913 年至 1915 年，每
年平均有 41 间工厂注册。1916 年至 1919 年，平均每年有
124 间工厂登记。[5]

　　洋务运动以来，国内工厂从一线技术人员到管理人员
普遍都是高薪雇用洋人，随着实业的发展，越来越多的实
业家意识到要摆脱这个局面，也意识到人才对企业兴衰的
意义，对人才的需求越发迫切。产业的快速发展对人才有
着强烈的需求，这直接导致当时学校教育的变革需求。同时，
民国政府和当时的社会各界都开始意识到教育的重要性，
特别是在产业教育领域，因此，为了振兴和发展产业教育，
民国政府提出将"实利教育"作为教育目的的一个重要方面，
强调"民生为通识教育的骨干"。1922 年，经过广泛征求
意见，民国政府颁布了一个新的学制——壬戌学制，又称

为新学制。新学制的颁布也让近代工业教育成为历史。

2.民国时期职业教育发展情况

虽然民国初期，政府重视实业教育的发展，但是其发展态势明显不能够满足当时社会经济发展的需要，在数量上，实业学校仅占全国学校总量的0.43%，工业专业学生仅占全国总数的0.75%。这种情况的出现，也表明工业学校的数量和学生数量完全不能满足当时社会的工业发展需求。随后由黄炎培等人创立的中华职教社发起的对全国职业学校办学概况的调查，是为了了解全国各地区职业学校实践所取得的成绩和所面临的问题，这些暴露在教学实践中的问题为教育部门提供了职业教育改革的思路和方案。这些问题主要包括教材不统一、训练标准不统一、社会环境不利于职业教育的进行、经费不充裕、校舍与工厂场地狭小、教学方法单一等。在经过调查之后，遵循壬戌学制的原则细化了职业学校的专业科目。职业学校专业大致分为农、工、商和女子家事科，实业学校的设置主要是为地方经济服务，实业学校也主要是聚在沿海口岸和内陆工业、经济发达的地方。农科如河北省立水产专科学校，设置航海、捕鱼、水产养殖等科目；工科如湖南省立高级工科职业学校，设置机械、水利、铁路、纺织等科目；商科如江苏省立上海中学，设置商业管理、审计、保险、财务管理等科目；女子以及家事类学校如上海人和助产学校，设置解剖学、妇科、产科、食品营养等科目。另一方面，随着妇女职业学校的出现，当时妇女社会地位不高的现象也得到了改善，大量妇女获得了学习和工作的机会，社会地位得到提升。

3. 总体规模

1912 年，民国建立之初，全国共有实业学校 425 所，其中甲类学校 79 所，乙类学校 346 所；甲类学校有 1.4 万余名学生，乙类学校有 1.7 万余名学生，合共 3.1 万余名学生。到了 1913 年，全国共有工业学校 441 所，其中甲类学校 82 所，乙类学校 359 所；甲类学校有 1 万余名学生，乙类学校有 1.9 万名学生，合共 29790 名学生。到 1916 年底，全国共有工业学校 525 所，其中甲类学校 84 所，乙类学校 441 所；甲类学校共有 1 万余名学生，乙类学校共有 2 万名学生，合共 3 万余名学生。5 年时间内，虽然存在各种原因导致在校学生总体数量上有所减少，但是学校数量上增加了 100 所之多。到 1926 年，职业学校的发展达到顶峰。据中国职业教育协会统计，2016 年共有职业学校 1006 所。

4. 职业教育实施情况

民国时期，专业基础课程、专业课程和实践课程是职业技术学校的主要课程组成部分。根据当时学制规定，职业学校的课程时数规定为每周 40~48 小时。其中专业课程占 30%，专业基础课程占 20%，实践课程占 50%。从课时比例来看，不难看出职业学校既注重基础课程，又注重专业课程。民国时期职业学校学生的培养目标最终落实在实用技能上，课程的设置体现了职业学校重视实用技能的获得，实习实践课时数占到了总课时数的一半之多。民国时期职业学校课程的发展经历了两个时期，在《壬戌学制》颁布之前，职业学校课程设置主要是引入日本职业教育的课程体系，到《壬戌学制》颁布以后，全国教育界掀起了向欧美国家学习的教育思潮，在课程的设置上转向学习欧美等国家。在最初的几年里，不同省市地区根据自身发展水平及需求设置当地职业学校课程，也导致了全国职业学校课程设置种类纷杂不统一的混乱局面。到 1934 年，中华民国政府颁布了《职业学校各科课程表教材大纲设备纲要汇编》（简称《汇编》）。《汇编》对职业学校的科目设置进行了总纲性门类的划分，规范了全国职业学校课程的设置问题。

职业学校培养学生的最终目的是让学生通过在校学习后找到合适的工作，同时服务当地的社会经济发展。实习、就业情况也成为职业学校教学成果的一项重要指标，这也是职业学校在课程设置上，实习的课时数占总课时数的一半的原因。当时职业学校学生实习分为校内实习和校外实习。学生的校内实习安排一般由学校自行建立合适的实习场所，如商店、工厂等机构，可以分为三个阶段，第一个阶段是在学生学习专业课程前，在实习中产生对此项工作的兴趣；第二个阶段是在学习专业课程期间在校实习，此举是为了让学生在做中学，让理论知识与实践相结合；第三个阶段是在理论课程学习完后，集中一段时间进行校内实习，为在校外实习做好准备。而校外实习主要安排在假期进行，目的是不让学生耽误课程学习，一般都是由职业学校负责联系相关企业接收学生实习。

5. 特点简述

民国时期职业教育出现了职业教育社会化的特点，职业教育办学与当时社会经济发展紧密结合，这是教育与社会相交互的结果，其一改以前职业教育脱离社会需求的局面，也为现代职业教育的发展奠定了一定的基础。同时职业教育社会化也解决了当时的一个重要问题，就是民国政府教育经费短缺的问题，职业教育社会化后，社会各界力量参与到职业教育的建设中来，同时也扩大了教育规模和质量。职业教育也从单一的职业学校教育扩大到了多种机构共同教育，《壬戌学制》提到实施职业教育有两个途径，一个是单独设置职业学校开展职业教育，另一个是考虑地方特色和当地经济发展需要，在普通教育中融入职业教育课程，这样就可以根据地方特色兼顾学生升学和就业的需要。

民国时期，造就了一批以黄炎培为代表的职业教育家，完善了职业教育理论框架，引入了美国教育家杜威的教育思想，形成了"职业神圣""劳工神圣""职业平等"的职业教育精神思想，明确了职业教育发展方向，满足了社会经济发展的需要。

二、中华人民共和国成立到改革开放前高等职业教育国际化历程

（一）中华人民共和国成立到"文化大革命"前高等职业教育国际化历程

1949年，中华人民共和国成立，受当时政治、经济、文化、社会等方面的影响，职业教育迎来了新一轮的发展。中华人民共和国成立后，为适应国民经济的恢复和民主改革，确立了党在职业教育的领导地位。当时的总方针是"保留现有学校，并逐步作出必要及可行的改善"，先接收、接办旧学校，然后逐步更新旧学校。

1. 历史背景

1949年9月，中国人民政治协商会议第一次全体会议通过了一项共同纲领：中华人民共和国政府应该把重点放在技术教育上。同年12月，教育部在北京召开了首届全国教育工作会议。当时，由于与苏联的密切联系，中华人民共和国根据老解放区的新教育经验，汲取旧教育的有益经验，借鉴苏联的经验，提出了建设职业教育的政策，开始学习苏联的经验，大力发展中等技术学校。1950年，《专

科学校暂行规程》颁布，专科学校的宗旨是"以理论与实际一致的教育方法，培养能掌握现代科学和技术成就，全心全意为新民主主义建设服务的专门技术人才"[6]。1951年，全国召开了第一届全国中等职业教育大会。同年，《中央人民政府政务院关于改革学制的决定》发布，规定专科学校以二年至三年为限，并招收高中及同等学校或者同等学力的毕业生。各类高等院校为招收高中及同等院校毕业生或具有同等学历的人员，可提供为期一年至两年的专业课程。同时还确定了职业教育在国家教育体系的重要地位。1952年，《关于整顿和发展中等技术教育的指示》和《中等技术学校暂行实施办法》相继颁布，明确提出培养技术人才是国民经济建设的必要条件，培养大批中等职业技术人才尤为紧迫。因此，1952年到1953年，我国高等院校进行了一次大规模的调整，部分专科院校升格成为大学或者专门学院，另外一部分专科学校为中专。

1958年，在"大跃进"的政治和社会背景条件下，职业教育规模过大，学校的办学规模以及硬件设施等方面已经大大超过了当时国家经济可能承受的范围。另一方面，由于缺乏发展职业教育的经验，教育质素无法得到保证。教育部也认识到了这个问题，1961年，教育部开始大规模地缩减职业学校数量，确保教育质量；到了1963年，经过缩减数量后，中等职业教育步入恢复和稳步发展时期。

2.高等职业教育发展规模

1950 年，在《专科学校暂行规程》这一政策影响下，我国职业教育发展良好，全国专科学校就有 63 所，到 1951 年时，专科学校已经发展到 71 所之多。但在 1952 年到 1953 年，我国实行了"部门调整"，对专科学校专业进行了区分和调整；到 1953 年，我国专科学校只有 39 所；尽管专科学校数量急剧减少，但是在学生数量上得到了发展，截至 1953 年底，全国专科生数量达到了 60648 人。[7] 另一方面，由于部分专科学校变为中等职业学校，因此在这个时期，我国中等职业教育得到了飞速发展。1952 年，全国中等技术学校已有 1701 所，在校学生达到 635609 人。1955 年，高等教育部在《1954 年的工作总结和 1955 年的工作要点》中指出，按照国务院的指示，专业课程应尽快终止，从今年起，专业课程招生任务应减少。1954 年到 1957 年，各高校本科生数量开始增加，专科生数量减少，专科生数量占高校学生数量的比例从 1952 年的 31%，减少到了 1957 年的 10.8%。

1958 年"大跃进"时期，我国专科学校迅速发展到 160 所，专科生人数更是突破了 14 万大关。但由于盲目扩张，教育质量未得到保障。"大跃进"运动结束后，学校数量开始减少，学生数量也在减少，到 1964 年专科生仅剩 23429 人。

3.1949 年到"文化大革命"前高等职业教育国际合作
情况

1949 年到 1956 年，一共有 29 个国家与我国建立了外
交关系，当时我国政府与苏联政府交往密切，同时美国政
府与西方部分资本主义国家不承认中国的国际地位，这个
时期内，我国职业教育开展国际合作与交流的主要国家还
是以苏联为主的社会主义国家。中华人民共和国成立初期，
我国在教育领域的国际交流活动主要是跟苏联等社会主义
国家进行留学生交换。

在我国学生出国留学方面，我国在 1951 年到 1956 年
共往东欧国家送出 7500 余名留学生，其中前往苏联的留
学生 6500 名，其余 1000 名留学生主要是前往捷克斯洛伐
克和波兰等国家，其学习内容主要是技术专业和对方国家
的文学、历史等。1956 年，毛泽东在对十大关系的讲话中
谈到"我们要向一切国家学习""学习外国，必须分析有
批判地学""学习资本主义国家先进的科学技术""自然
科学方面要特别努力向外国学习""要越搞越中国化"，
这也为那个时期我国在教育领域的国际交流合作工作明确
了前进方向。但是到了 1957 年，外交环境骤变，我国与苏
联关系破裂，美国也继续以敌对态度看待中国；另一方面，
"大跃进"运动和严重的自然灾害，导致我国内部环境恶劣，
教育事业发展受到了极大的影响。但就在这个期间，中法

两国建交，中国与欧洲国家的关系也有了一定的改善，同时与一些新兴民族国家正式建交，而且在 1959 年和 1960 年召开的两次全国来华留学学生教育工作会议上，明确提出要争取向西方发达国家派送留学生。

在接受外国留学生方面，我国在 1950 年到 1956 年共接收来自东欧国家的 172 名留学生，还接收了少数来自朝鲜、蒙古、埃及、越南、印度等国家的留学生。从 1957 年到 1965 年，我国接收的外国留学生数量不断上升，且留学生生源国的数量也在增加。

随着与世界其他国家逐渐建立外交关系，中国开始与这些国家互派代表团，就教育问题交换意见，积极探索教育领域的新合作，主要是通过引进教学课程资源、建立对外教育研究基地和相互派遣学生留学。

4. 特点简述

中华人民共和国成立以来，职业教育的管理体制发生了重大的变化，特别是在高等职业教育方面，由国家政务院、教育部集中管理的体制转变为"国务院领导下，分级管理、地方为主、政府统筹、社会参与"的管理体制。

中华人民共和国成立的早期，我国教育改革的经验主要是依靠老解放区新的教育经验，并借鉴当时苏联的教育经验，准备建设新民主主义教育体系。中华人民共和国在完成对旧社会学校的接管和改造之后，对各类教育实行了严格的计划管理，所有学校的招生、就业、财政等一系列工作都严格按照教育部的计划进行，强调中央人民政府高等教育部必须与中央人民政府各有关业务部门密切配合，有步骤地对全国高校实行统一与集中的领导。同时，建议借鉴苏联的教育经验，大力发展特殊教育。初期，各类学校主要集中在大城市，导致学校分布不合理。同时学校内部管理也存在问题，主要集中在专业分布不合理、教学模式单一化等方面。

（二）"文化大革命"时期职业教育

1966年，随着"文化大革命"的爆发，中华人民共和国成立以来的教育工作遭到彻底否定，各级各类职业教育都不同程度地遭到破坏。此后十年，我国职业教育一直处于历史最低谷。

1. 历史背景

1966年8月，中国共产党第八届中央委员会第十一次全体会议通过了中国共产党中央委员会关于无产阶级"文化大革命"的决定。决定认为"文化大革命"的目的是批判资产阶级和剥削阶级的意识形态，批判资产阶级立场和观点的学术权威，坚决批判它们是反动的。为了更好地巩固和发展社会主义，必须要对教育界进行全面的改革，把一切不适应社会主义发展的观念全部清除。当时全国几乎所有的职业教育都处于停滞或半停滞状态，职业和农业中学被直接取消办学资格，大多数中等专业和技术学校被关闭。

2."文化大革命"时期职业教育发展情况

"文化大革命"期间，国家的各个领域都进入了停滞的状态。1965 年到 1972 年，全国共有各级中等技术学校 397 所，占学校总数的 45%；中等师范学校 47 所，占学校总数的 11.5%。

在"文化大革命"爆发前夕，截至 1965 年底，全国高中生在校学生人数为 273.1 万人，其中普通高中在校学生人数为 130.8 万人，占比 47.9%；而中等专科学校在校生约为 54.7 万人，技工学校在校生 10.1 万人，农业高中在校生 77.5 万人，合计 142.3 万人，占 52.1%，基本上形成普通高中学生人数与职业学校在校生人数 1∶1 的局面，1976 年，全国高中生在校学生人数为 1483.6 万名，而技术中学、技术工人、农业和中学学生与普通高中学生的比例仅为 1.16%。[8] 1966 年，有教师 4.8 万，然而到了 1971 年，5 年时间里大部分老师被迫离职，整个校园陷入瘫痪。到"文化大革命"后期，有关部委和省市代表强烈要求恢复和办好职业教育。1973 年，《关于中等专业学校、技工学校办学中几个问题的意见》提出：要抓紧对中等专业学校、技工学校进行布局规划的调整工作，根据需要和可能适当发展中等职业教育。[9]经过几年的恢复，到1975年，我国中等技术学校数量达到1461所，在校生数量达到38.6万人，技工学校达到1267所，在校学生达到22.1万人，超过了"文化大革命"之前的水平。

3. 特点简述

"文化大革命"期间，我国的职业教育被卷入了政治运动，遭受了毁灭性的打击。中华人民共和国成立初期的职业教育成果几乎被毁于一旦，职业学校大量被停办和撤销，在校生人数和毕业生人数大幅减少，职业学院纷纷停办。我国职业教育模式被全面颠覆和毁坏。其间，我国教育领域的国际合作交流也遭受了毁灭性的打击，我国留学生的相关工作被迫中断，受聘的外国专家也被解聘。而在这个期间，我国教育领域仅有的国际交流活动只剩下在阿拉伯也门中等工业技术学校工作的中方教师，在柬埔寨磅湛大学工作的中方教师等。

三、改革开放后到1999年高等职业教育国际化历程

1978年12月，中国共产党十一届三中全会在北京召开，这是我国历史上具有深远意义的伟大转折，会议决定将党和国家的工作重点转移到经济建设上来，全面实行改革开放。社会生产力快速发展，全国迫切需要大量技术性人才，

职业教育领域得到了飞速的发展。

（一）历史背景

"文化大革命"后，全国事业百废待兴，特别是教育领域。在中等职业教育领域，普通高中占比过大，而职业教育占比极小，在 1977 年时普通高中人数与中等职业学校的招生比为 100 ∶ 3.6。同时，当时高中升学率极低，在 1979 年，普通高中毕业生数量和普通高校招生数之间的比例为 26.4 ∶ 1，仅有极少数高中毕业生能够升入大学学习，这就造成了社会各个行业急需技能人才，而普通高中毕业生又过多的局面。因此在 1978 年，邓小平在教育工作会议中强调："教育事业需要采取科学的战略方针有效地满足国民经济发展的实际需求……全面性地对农业中学、每一类中等专业学校在发展中的比例进一步地扩充。"

1980 年，《关于中等教育结构改革的报告》发布。报告中明确指出了目前我国中等教育结构过于单一，与当时社会的经济发展不一致、不同步，提出改革高中教育结构的计划。

1977 年，我国恢复高考制度，为了改革高中教育结构，我国各省、市、自治区开始筹建职业技术师范学院，培养职业技术学校的教师。同时，随着改革开放后本地经济的迅速发展，急需更多的技术人才和短期职业大学。短期职业大学在改革开放初期是我国高等职业教育重要的组成部分，也可以说是开了我国高等职业教育的先河，为我国高等职业教育的发展指明了方向，为国家培养经济建设急需的大量技术应用型人才做出了重要的贡献。

到了 20 世纪 90 年代，国家愈发重视教育在经济建设中的重要地位，优先发展教育、职业教育的战略地位得到了确定。1993 年，《中国教育改革和发展纲要》印发，指出："各级政府要高度重视，统筹规划，贯彻积极发展的方针，充分调动各部门、企事业单位和社会各界的积极性，形成全社会兴办多形式、多层次职业技术教育的局面。"1996 年，国家确立职业教育的法律地位，全国人民代表大会通过了《中华人民共和国职业教育法》，在发展普通教育的同时发展职业教育，提升了职业教育在中国教育体系中的地位，为职业教育提供了法律保护，使其发展迈出了重要的一步。

（二）改革开放后职业教育的总体规模

1985 年 5 月，《中共中央关于教育体制改革的决定》发布，其中规定："在大多数地区，在五年左右的时间里，各类高中的招生人数应与普通高中的招生人数相等。"在 1980 年到 1997 年间，我国中等职业学校的学校数从 9688 所增加到 17116 所，增长近 2 倍，中等职业学校的在校学生数从 226 万人增长到 1089 万人，增长近 5 倍。1994 年，《中国教育改革和发展纲要》发布，提出到 2000 年，各类中等职业学校的每年招生人数和在校生占中等职业学校学生总数的比例将达到 60% 左右；国内 70% 的城市要普及高中教育。到 1997 年，普通高中在高中生总数中所占比例由 1980 年的 81% 下降到 44%，其中中等职业学校的学生比例由 1980 年的 19% 上升到 56%。在这 17 年期间，全国各地中等职业学校共为社会输送毕业生 3085 万人。到 1998 年，中等职业学校学生人数达到 1949 年以来的最高水平，中等职业学校计划招收学生 530 万人，达到 1146 万人。到 2000 年，中国教育改革和发展大纲确定的目标已经实现。

1978 年，全国修建了 98 所专科学校，招收了专科生 12.37 万人，在校专科生 37.96 万人，占全国高等教育人数的 45.3%。[10] 1979 年，经国务院批准，在天津和吉林省成立了两所技术师范学院。发展到 1989 年，全国共有 10 所本科层次的职业技术师范学院，3 所专科层次的职业技术师范学院，这一类学校为我国职业教育培养了大量优秀的职业教育师资。同时为了国家经济建设发展的需要，响应国家号召，各地开始创办短期大学。《中华人民共和国国民经济和社会发展第六个五年计划（1981—1985）》也指出："提高大学专科的比重，试办一批花钱少、见效快、酌收学费、学生尽可能走读、毕业生择优录用的专科学校和短期职业大学。"在 1980 年到 1985 年的 5 年时间，全国各地共兴办了 120 多所职业大学。截至 1990 年，全国共有短期职业学院 114 所，招生 2.41 万名，在校生 7.26 万名，总共为社会输送技术型人才 2.65 万人。短期职业学院的特点是自负盈亏、日间进修及非分配工作。短期职业学院的建立为国家培养经济建设急需的大量技术型人才做出了重要的贡献。

随着短期职业大学的发展，国家从高中阶段开始探索五年制高等职业教育，1985 年，教育部决定在上海汽车制造学校、西安航空工程学校和国家地震局天水地震学校设立五年制高等职业教育。1994 年到 1996 年间，教育部在全国范围内先后批准 18 所重点中专学校举办五年制高等职业教育班。到 1999 年，全国共有 563 所中等职业学校进行五年制高等职业教育试点。改革开放以来，我国社会各个方面发展迅速，高等职业教育更是迎来了飞速的发展。1982 年，我国专科学校全国仅有 190 所，到了 1989 年，全国专科学校增长到了 560 所，招生人数也从 1982 年的 8.4 万人增加到了 29.7 万人，占总入学人数的 50%；全国大专学生人数也从 22.5 万人增加到 76 万人，占大学生总数的 36%。

（三）改革开放后职业教育国际合作情况

改革开放以后，我国与其他国家的外交逐步走上正轨，1978 年到 1980 年，中美建交，中国与日本也签订了友好协议，与世界其他国家陆续建交，这为我国职业教育国际化奠定了良好的基础。为吸引更多国外学生来华留学以及送我国学生出国留学工作，国家出台了一系列政策法规来保障教育领域的国际合作，例如在 1979 年发布的《关于接受自费外国留学生收费标准问题的请示》。1993 年，《中国教育改革和发展纲要》提到应当"进一步扩大教育对外开放，加强国际教育交流与合作，大胆吸收和借鉴世界各国发展和管理教育的成功经验"。同时中国也陆续恢复了与联合国教科文组织、世界银行、联合国开发计划署等组织的合作关系，为职业教育国际合作搭建了平台。这一时期除正常的留学生相关工作外，政府也派遣我国职业学校的老师赴国外学习先进经验，例如 1981 年，我国政府派出 7 名中等专业学校教师赴美国纽约州立大学学院进修。自 1982 年以来，教育部已经向英国、美国、澳大利亚、加拿大、德国和其他国家的国家培训学校派遣了一线教师和管理人员。在此期间，与职业教育的国际合作完全在政府的领导下进行。

另一方面，改革开放初期，国家大力发展职业教育，但是以往的教育理念、专业设置、课程开发、教学方法等都不能够适应当时中国职业教育发展的需要，不少职业教育研究人员开始提出向工业发达国家借鉴经验，第二次世界大战后的德国首先吸引了我国研究人员的注意。第二次世界大战后，德国依靠双元制职业教育模式，让经济迅速腾飞。时任教育部部长刘来全提到："随着改革开放政策的实施，中国政府派出的经济、教育考察团几乎同时对德国职业教育经验发生了兴趣。出于通过改革发展职业教育、促进经济发展、提高人民生活水平的目的，中国政府希望学习和借鉴德国职业教育的成功经验，对此德国政府给予了积极支持。"1983 年，在国家的努力下，中德在职业教育领域的国际合作迈出了第一步。在教育部的领导下，首个中德合作项目——南京建设职业技术教育中心（现名南京高等职业技术学校）启动，由南京市教育局与德国汉斯 · 赛德尔基金会合作兴建。经教育部批准，苏州、无锡、常州、沈阳、沙市和芜湖开始改革和实施德国的双元制职业教育模式。随着试点工作的实施，全国已有 100 多个单位开展了双元制试点工作，同时，职业教育有关人员经常互访，开展学术交流、研讨会等活动。一方面，中方派遣专业人员赴德国学习更深层次的专业技术；另一方面，德国的专家团队来中国进行讲学，并有部分专家常驻中国对相关领域进行指导等。除了借鉴德国的双元制职业教育模式经验，我国还向其他国家借鉴了相关职业教育经验，例如从 1989年开始，我国逐步引进了加拿大 CBE 职业教育模式，由加拿大国家开发署资助设立了"中加高中后职业技术教育项目"。在改革开放初期，中国现代化水平较低、教育资源稀缺，政府认识到不能完全依靠自己的摸索、总结，必须要向职业教育发达国家借鉴经验，因此中国政府一方面通过外交手段持续与国外政府合作引进优质职业教育资源，另一方面向国际组织寻求帮助，在 20 世纪 80 年代中期，中国政府向世界银行贷款 3500 万美元集中支持 17 所职业大学的发展。

到了 20 世纪 90 年代，我国职业教育飞速发展，有了一定的基础，但此时要想更好更快地支持国家经济还远远不足，还需要向国外借鉴更先进的职业教育经验。《中国教育改革和发展纲要》明确提出"进一步扩大教育对外开放，加强国际教育交流与合作，大胆吸收和借鉴世界各国发展和管理教育的成功经验"。20 世纪 90 年代以前，政府公派是出国留学唯一途径；20 世纪 90 年代后，政策逐步放开，除政府公派以外还允许单位公派，职业学校开始越来越多地自主派出人员赴国外学习。同时中国政府与其他国家政府和世界组织在职业教育领域的合作也越来越密切，也得到了更大的支持。1994 年，德国政府向我国提供了平行贷款 500 万马克（后增加到上千万马克）。1990 年，我国政府与世界银行签署了《中国职业技术教育项目贷款协议》，向世界银行贷款 5000 万美元用于职业教育的开发。1996 年，我国与世界银行签订协议，落实职业教育，并再获得 3000 万元贷款，以发展职业教育。1995 年，教育部颁布了《中外合作办学暂行规定》。同时一些国际通行的职业资格证书也引进到我国职业教育体系中，例如 1994 年到 2000 年，国家劳动和社会保障部职业技能鉴定中心和英国文化委员会启动了"中英职业资格证书合作项目"，建立了基于职业能力标准的国际水平的职业技能评估体系，同时，国家职业资格局还引进了英国秘书和行政人员的标准体系和评估技术。

（四）改革开放后职业教育特点简述

改革开放以后，我国各个领域开始走向正轨，从此国家经济飞速发展、科技不断进步，现代化建设呈现蓬勃的景象。社会主义建设需要人从事科学、技术和各类应用型人才管理一线工作。与此同时，沿海发达城市的快速发展也需要更多高素质的技术人才来为当地经济服务，加快社会发展。这都是国家大力发展职业教育的原因。在调整普通高中与中等职业学校比例的同时，沿海发达城市也出现了为服务地方经济、为本地区培养合适的应用型人才的短期职业大学。在这个阶段，我国高等职业教育的主要发展方向是服务本地经济。各地区的职业教育发展开始出现多元化发展，各地的办学体制和机制逐渐转变，单一式办学格局被打破。

改革开放是中国职业教育国际交流合作的推动力量，从改革开放初期到 20 世纪 90 年代初，我国职业教育国家交流合作完全依靠政府主导，政府通过外交等手段加强与职业教育发达的国家政府之间的合作。这一阶段的合作主要包括教师互访、学术交流、引进优质职业教育经验等。这一阶段对中国现有的职业教育观念、教学模式、教学方法、教学资源等冲击很大，但也为中国教育体制改革提供了一种新的思路。20 世纪 90 年代以后，党的十四大提出建立社会主义市场经济新体制的要求，要求社会各方面要进一步加快改革的步伐，出国留学政策也多样化，除政府公派以外还可以单位公派、私人留学，留学方针也变成"支持留学，鼓励回国，来去自由"。与此同时，职业教育中外合作办学作为一种全新的办学方式和一种全新的"不出国"学习方式也开始发展。职业教育的中外合作办学新形式在引进高质量的外国教育资源、培养国内专业技术人才、满足国内职业教育需求、减轻学员经济负担等方面显示出明显的优势。这个阶段，政府在职业教育国际交流合作中仍然扮演着最主要的角色，但民间角色的分量也变得越来越重要。

四、新世纪我国高等职业教育国际化历程

1998 年，《面向 21 世纪教育振兴行动计划》发布，为我国职业教育在新世纪的发展做出了规划，贯彻落实国家"科教兴国"战略，加快职业教育的改革和发展，积极探索以多种形式和途径发展我国职业教育。至此，我国职

业教育进入了飞速发展时期。

（一）历史背景

《面向 21 世纪教育振兴行动计划》中提到："加大职业教育与成人教育办学体制、管理体制、运行机制及招生就业制度改革的力度。适应社会主义市场经济体制的建立和发展，鼓励社会力量在政府的指导下举办各种形式的职业教育和成人教育。职业教育和成人教育要走产教结合的道路，调整学校布局，优化资源配置，加强创业教育和职业道德教育，实行更加灵活的教学模式，努力办出特色，更好地为地区经济和社会发展服务。"计划中明确了职业教育的办学机制是以政府为主导，多种形式办学，鼓励社会力量参与，也提出了要行业企业共同参与职业教育办学，这为新时期职业教育的发展指明了方向，也为后来职业教育百花齐放的局面奠定了一个良好的基础。在这个时期，我国职业教育发展的重要目标就是建立一个有中国特色的国际化的职业教育体系和制度。因此为了更好更快地发展我国职业教育，《国家中长期教育改革和发展规划纲要（2010—2020 年）》把职业教育摆在了重要的位置，并切实督促各级政府履行发展职业教育的责任，加大投入职业教育。

（二）职业院校发展情况

职业院校发展的规模、质量和水平直接影响到我国技术型人才的培养。21世纪以来，职业院校的发展较之前有所变化，主要表现在职业教育的层次逐步提高，中职学校的数量开始减少，其中四类中职学校中，职业高中的数量减少得最多。2001年到2013年，中等职业学校的数目由1.76万所缩减到1.23万所，缩减了30%的学校；2007年，全国共有中等职业学校1.4万多所，共计招收学生810万人，在校生总共有2000万，占到我国高中阶段学生数量的49%。到2015年，全国共有中等职业学校1.1万所，比2007年减少3000所，比2010年减少2670所，比2013年减少1000所，年减少率接近10%，中等职业学校在数量上逐年递减，招生数和在校生数也在逐年下降。2010年到2015年，中等职业学校招生数减少了269.17万人，下降比率达到30%。在校生数减少了581.8万人，下降了25%。高中阶段人口数量也在下降，2015年，全国初中毕业生数量比2011年初中毕业生数量减少了319万人，减幅为18%。

另一方面，我国高等职业教育在新世纪得到了快速的发展。改革开放初期，国家大力发展高等职业教育，部分地区兴办短期职业大学，让我国高等职业教育不论是院校数量还是学生数量都快速增加，在2005年到2010年之间，全国高职院校的数量从最开始的 1091 所增加到 1246 所，高职高专在校生规模从 2005 年的 713 万人上升到 966 万人。2007 年，我国高职院校数量达到 1168 所，招生 283 万人，在校生人数达到 861 万，占到了当时整个高等教育在校生人数的一半。2013 年，全国高职院校在校生人数达到 973.6 万人，是 2001 年高职院校在校生人数的 3.3 倍，占到整个高等教育在校生总数的 39.5%。在此期间，学校数目和学生人数均有相对稳定的增长，并呈逐年上升的趋势。虽然高等职业教育发展迅速，但是在发展过程中出现的问题也迎面而来，高职院校在数量、规模大发展的同时也出现了许多问题，例如培养的学生质量不高、专业设置不合理、扎堆开办热门专业、办学特色不明显等。

（三）国际化概况

2001 年，中国正式加入世界贸易组织；2002 年，《高等学校境外办学暂行管理办法》发布；2003 年，《中华人民共和国中外合作办学条例》发布。办法和条例的发布让我国职业教育更好地与世界接轨，提升了职业教育中外合作办学的层次和水平。2004 年，《2003—2007 年教育振兴行动计划》发布，提出教育振兴行动，计划"进一步推动与境外高水平大学强强合作、强项合作，尤其在科研和高层次人才培养方面的实质性合作，贯彻《中华人民共和国中外合作办学条例》，积极引进境外优质教育资源，促进高等教育和职业教育方面的合作办学。继续加强与联合国教科文组织等国际组织的合作"。我们将致力于职业教育各方面、各领域和高层次的国际合作与交流。

这段时期中国政府与国外政府间职业教育合作更加紧密。教育部职业和成人教育司与德国国际培训协会联合举办了这次职业教育。每一期项目共培训了 1000 多位职业学校的老师和 300 多位校长。2002 年，中国和澳大利亚政府启动了迄今为止职业教育最大的合作项目——中澳重庆职业教育，澳大利亚政府总共投资 1942 万澳元，中国政府投资 530 万澳元支持项目，职业教育资助了重庆的 5 所职业学校、4 所高等职业技术学院。如重庆电子工程职业学院，与澳大利亚有关学院和大学合作，借鉴澳大利亚 TAFE 模式，在重庆市政府和相关职能部门的参与下，在国际合作中开展了 C-TAFE 职业教育模式改革的试点工作，出版了 425 个能力单元和 52 套新课程和教材，并促进了中澳 50 多所职业学校之间的长期合作伙伴关系的建立，为澳大利亚和中国的职业教育提供了有益的借鉴。职业教育项目的成果远远超出预期，而且不仅限于职业教育。相关项目对促进中澳之间的经贸合作、文化交流和人文友谊，产生了积极的影响。2009 年，财政部与欧佩克国际发展基金联合开发的云南职业教育项目启动，总投资 492 亿元，国外优惠贷款 3200 万美元，国内配套资金 2 亿多人民币用于教学楼、图书馆和实验室等设施的建设。

　　同时中国政府在引入国际职业资格证书及课程体系中与职业教育发达国家之间也开展了深入的合作。另一方面，国内部分高职院校也开始自己探索职业教育国际合作交流的路径，其主要目的是引进职业教育发达国家先进的管理模式、教学模式、职业资格证书等。最早开始自己探索职业教育国际合作的高职院校主要还是集中在沿海发达城市，主要合作国家以新加坡、日本、澳大利亚等为主。

　　在我国职业教育国际交流与合作中，一直引入职业教育发达国家优质职业教育资源和经验，但进入 21 世纪，部分高校开始尝试境外办学进行教育输出，为第三世界国家的职业教育的发展提供教育帮助。例如，2001 年我国与埃塞俄比亚政府教育部签订协议，展开两国之间的合作，先后派出专家协助埃塞俄比亚建立了一所职业技术学院，并赞助相关设备。随着中国"一带一路"建设的发展，对沿海国家出口职业教育资源的国际合作与交流机会将越来越多。

　　（四）特点

　　21 世纪以来，我国职业教育规模趋于稳定，职业教育质量提升明显，国家也愈发重视职业教育。随着我国社会主义市场经济的良好运行，我国职业教育的办学体制机制也与时俱进，为适应时代和经济、社会的发展不断进行体制改革。2002 年，国务院召开全国职业教育工作会议，进一步加强对职业教育的指导。《国务院关于大力推进职业教育改革与发展的决定》坚持"统筹兼顾，面向社会，以地方为主，以企业为主"，建议初步建立适应"十五"期间社会主义市场经济体制的现代职业教育制度，与市场需求和就业紧密结合，结构合理，灵活开放，特色鲜明，自主发展，进一步扩大职业教育规模，为我国经济社会建设培养 800 万技术人才。

新时期，我国建立了初等、中等、高等职业衔接的职业教育体系，高等教育也逐渐形成高职、本科、研究生层次。它解决了中学与高等职业教育之间的联系，以及职业教育毕业生的深造问题，为社会主义经济建设培养了高级技术应用型人才，丰富了职业教育的层次，解决了高等教育人才培养结构和培养模式单一、难以适应市场需要等一系列问题。也形成了我国职业教育的鲜明特点：培养目标明确，定位于造就高技能型人才；明确发展方向，坚持"以市场为导向，以服务为导向"；职业教育办学体制和机制多元化，办学性质多元化；转变高职院校管理体制，强化地方责任。同时随着我国职业教育国际合作与交流的持续推进，我国职业教育自身实力增加，培养的技能型人才质量提升，我国职业教育国际地位、影响力和竞争力显著提升，由职业教育资源输入国逐渐向职业教育输出国转型。

参考文献：

［1］容闳.西学东渐记［M］.上海：商务印书馆，1915.

［2］［3］高时良，黄仁贤.中国近代教育史资料汇编：洋务运动时期教育［M］.上海：上海教育出版社，2007.

［4］任平.清末民国时期职业教育课程史论［D］.长沙：湖南师范大学，2010.

［5］汪敬虞.中国近代工业史料［M］.北京：生活·读书·新知三联书店，1957.

［6］郝维谦，龙正中.高等教育史［M］海口：海南出版社，2000.

［7］潘懋元.中国高等教育百年［M］.广州：广东高等教育出版社，2003.

［8］《中国教育年鉴》编辑部.中国教育年鉴（1949—1981）［M］.北京：中国大百科全书出版社，1984.

［9］聂璐.新中国成立后我国职业教育政策研究［D］.南京：南京航空航天大学，2012.

［10］李均.中国高等教育研究史［M］.广州：广东高等教育出版社，2005.

第四章
我国高等职业教育国际化的现状

经济全球化让各个国家和地区之间的文化、教育等各个领域加速融合，也加大了国家和地区之间的相互依存和相互制约的程度。高等职业教育的发展务必是全球化、国际化的，要与世界职业教育接轨。而且国际化也是衡量一个国家在高等职业教育中的全球地位的重要指标。世界上许多国家和地区已经发布了重要的规划政策，以促进高等职业教育国际化的发展。

2010年，我国的经济发展取得了巨大的进步，成为世界上除美国外最大的经济体，并在教育、经济、文化和政治上展现出高度的国际化。在《国家中长期教育改革和发展规划纲要（2010—2020）年》中，教育改革发展的重要途径就是往国际化方面发展。纲要明确提出了从"加强国际交流合作，引进优质教育资源，提高交流合作水平这三个方面入手，坚持以开放促进改革、促发展。开展多层次、宽领域的教育交流与合作，提高我国教育国际化水平"。2014年，《现代职业教育体系建设规划（2014—2020年）》发布，提出了职业教育人才培养的目标和要求，它要求各级职业教育单位要有计划和目的地去学习国际上通用的高级人才培养标准，鼓励高职院校与国外有国际影响力的高校建立合作关系，并且要加大加快对高级技术技能人才的培养培训，以便满足"走出去"企业的人才需求。接下来从几个不同的研究视角来概括目前我国高等职业教育国际化的现状。

一、高等职业教育国际化制度建设与管理视角

目前，我国高等职业教育国际化的政策法规体系建设相对滞后，没有专门针对高职院校人才培养国际化的法律法规，没有具体的法律法规来优化区域职业教育的战略管理、发展规划和国际化，也没有从中外合作学校到海外交流学生管理到国际交流合作培训等具体的法律法规。实际情况是，教师国际交流的政策和项目较少，而且在引进外籍教师的标准上缺乏统一标准，同时外籍教师的资格认证也有待进一步完善。从中外合作办学机构、留学生管理，到国际交流合作培训和专业认证，都没有必要的政策指导

和规范。要想我国的高等职业教育国际化发展得以实现，那么很重要的一点就是要补充完善现有的政策法规。

因此，今后一个时期，职业教育政策和法制建设应作为促进职业教育国际化发展的一项重要任务，但在政策制定过程中，还应妥善处理好以下两个方面的问题：第一是中央政府与地方政府的关系，以中央政府和地方政府为职业教育国际化政策的主体，明确两者的地位和作用差异，以宏观指导和战略规划为中心，提出运行规则，根据区域职业教育发展的阶段特点和比较优势，确保国家战略的实施。

第二是一般性与典型性之间的关系。在改革初期，国家相关部门很少专门制定与高等职业教育国际化相关的政策，其中大多数都纳入了教育国际化政策的总体制定中。但是，高等职业教育作为一种独特的教育，有别于其他类型的教育，其人才培养的目标和方法存在明显差异，必然在人才国际化的内容和方法上得到体现。因此，有必要在未来的教育决策中更关注高等职业教育的特殊性。此外，还没有建立起有效、科学的质量控制体系，也没有重视相关的质量控制和分类指导。培养国际化专业人才的关键是要符合国际专业技能考核和资格认证的标准。

在国际上，欧盟通过评估确认各国职业教育证书在相关学科中的等同性，他们制定了欧洲职业教育通行证，这个通行证适用于各个欧盟国家，但是又没有改变欧盟相关高等职业教育体系的框架。因此，可以尝试建立职业资格技能和质量的国家标准，并逐步使评估标准国际化，以便有效地监测职业教育的教学质量，充分实施国际化的职业资格制度，加快与国外专业资质、职业资格和学术资格的认定工作。这样的目的主要是可以规范劳动力市场，进而更有效地针对高等职业教育的课程和教学内容的改革和创新，使大学生能够适应国际人才素质认证体系，以获得更好的就业资格并走向国际。[1]

要提高职业教育的国际化水平，首先要有明确的发展思路和重点，各级政府部门和高职院校要明确自己在促进职业教育国际化和国际竞争力方面的地位和作用，但是到目前为止，我国还没有制定职业教育国际化发展规划，虽然一些地方政府和职业学校已经制定了专门的国际化发展规划，但地区主要局限在东部沿海地区，数量有限，不能全面提升我国职业教育国际化的整体水平。此外，许多高职院校并未从概念上认识到国际职业教育发展的重要意义，只是模仿和跟随其他有计划的高职院校，而没有系统地思考学校的国际发展战略。根据对全国 364 所高职院校的抽样调查，只有 48.77% 的高职院校制订了国际化发展计划，43.34% 的高职院校有具体的实施计划或者方案。此外，许多高职院校对职业教育国际化内涵的认识存在偏差，加之缺乏必要的宏观战略指导，许多高职院校盲目投资国际化发展、"行动迅速"、追求眼球效应的现象并不能把国际化的发展与学校本身结合起来。

所以说，从国家层面到各级地方政府，应尽快发布高等职业教育国际化行动计划，进而让高职院校有明确的高等职业教育国际化的内涵和发展方向，以帮助高职院校结合国家和地区，进一步明确其国际发展理念。这样一来，高等职业教育就会在国际发展战略的办学过程中，形成自身特色的国际化特色。美国、德国等发达国家十分重视运用法律手段和相应的制度、机制、理念，支持和确保职业教育的发展。相比之下，中国政府和有关部门虽然已经出台了一些政策，但与之相应的政策、法规和执行规则的可操作性尚不完善，如部分机构与外国机构的合作或学生参加国外竞赛等，由于"三公"指标的限制，一些出差被迫从"出差"转变为"请进"，影响了人才培养的效果；高职院校在国际交流与合作方面缺乏具体的政策和规定，难以保证职业教育的质量和水平，内部管理制度、激励制度等尚未到位，更多停留在试点研究阶段。此外，由于高等职业教育与普通教育有所区别，再加上办学的自主权并没有那么大，政府与市场还没有达到有效的统一和融合。高职院校只能通过现有的政策来考虑未来的发展。这在很大程度上阻碍了高等职业教育国际化水平的整体发展。

二、合作办学视角

当前,我国高职院校的国际化人才培养模式主要通过中外合作办学项目来进行,自身还缺乏先进的培训理念和完善的国际人才培训体系,国际化程度较低。相比之下,德国、新加坡、美国等发达国家更好地利用自身的地理和经济优势发展高等教育,结合自身积累的办学经验,本着理论联系实际的教育原则,从选择学生所学的教材、制订评估内容、建立国际教师队伍和建立校企联盟培训基地等,为学生提供丰富的国际平台来开阔视野,增长知识和实践技能,以实现职业学校的国际培训目标。2003 年,《中华人民共和国中外合作办学条例》发布,值得一提的是虽然这是与教育相关的条例,但是这个条例是由国务院颁发的,不是由教育部或者其他部委联合发布的,所以说这个条例不仅对全国教育行政部门有管束权力,也对其他所有涉及的政府部门有管束力。条例中明确提出了中外合作办学的性质属于公益性质,是中国教育事业的组成部分。换句话说,中外合作办学的合作与其他形式的教育一样,属于政府和其他公共行政部门的管辖范围,但是整体上也纳入了中央政府的管辖范围。[2]

高等职业教育中外合作办学项目、机构的审批、管理和评估都由省级教育行政部门进行,然后由省级教育行政部门呈送教育部备案。按照有关规定,内地与港澳台地区联合举办的高等职业教育（项目）一般视为中外合作办学。高等职业教育中外合作办学也是我国教育的重要组成部分，具有公益性质，属于公益事业。我国对于中外合作办学主要还是采用 16 字方针，即扩大开放、依法管理、规范办学、促进发展。[3] 目前专科层级即高等职业教育层次的中外合作办学项目，依据办学形式的不同，分为中外办学机构和项目。而其中的中外合作办学机构又分为独立法人资格机构和非独立法人机构两种。两种机构的异同，不在这里做详细描述，具体可以参考《中华人民共和国中外合作办学条例》及相关补充文件。

（一）办学规模

迄今为止，已有 31 个国家和地区（包括美国、英国、德国、法国和加拿大）的 500 多所大学与中国的大学进行了合作。根据中华人民共和国中外合作办学机构监督信息平台公布的经地方批准并提交教育部的"中外合作办学机构和项目清单"（2017 年 8 月 3 日更新），现行办学许可期内已列入中外合作办学项目（机构）832 个，其中中外合作办学项目 799 个，高职院校合作办学项目 33 个。据《全国高职院校质量报告》的统计，2014 年全国高职院校中外合作办学项目（机构）接近 800 个，2017 年高职院校中外合作办学项目（机构）接近 799 个，与 2014 年相比略有下降。深究其原因，我们认为一方面是国家教育主管部门发现了现有的中外合作办学项目存在一定的不规范问题，因此缩紧了审批数量，另一方面是高职院校更趋于理性化，不再盲目追求项目。中外高职院校办学合作主要由地方政府推动。由于地方政府支持程度和经济发展水平的不同，地区间分布也存在一定的差异。根据目前高职院校中外合作办学机构的区域分布情况，江苏（204所）、浙江（71所）、上海（54所）、河北（48所）、湖北（46所）是我国高职院校中外合作办学机构的前五位。总体而言，中外合作办学项目（机构）在不同地区的分布不同，东部和中部地区的发展优于西部和东北地区，尤其是西北偏远地区的发展远远落后于其他地区。现阶段，我国大多数高职院校受软硬件条件和当地政策等诸多因素影响，发展中外合作办学面临着诸多阻力。

（二）招生制度

在我国现在的高考制度下，学生进入高职院校学习主要有两种途径，一种是通过普通高考，另一种是通过高职院校单独招生。中外合作办学作为高等教育的一种职业教育形式，必须遵循高考招生制度，但是各级地方政府在遵循国家大的高考制度前提下，也放宽了高职院校的招生渠道和招生权限，使高职院校拥有了更大的招生自主权。

（三）人才培养模式

2006 年，《教育部关于当前中外合作办学若干问题的意见》提出，中外合作办学要进一步加强人才培养过程中的管理，人才培养目标、教育教学的内容必须符合中外合作双方的要求，对于达到毕业要求的学生，应该颁发中外双方的文凭或者在双方协议中约定的相关证书。

目前，高职院校中外合作人才培养模式根据合作程度的不同分为引进模式、组合模式和一体化模式。

引进模式是合作初期较为常用的一种培训模式，是在国家规定的课程之外，全面引进外方课程的一种培训模式，课程标准和评价制度是根据外方的要求进行的，在中外合作办学机构建立初期，一般采用这种引进来进行发展。

组合模式是对原有引进模式的进一步发展，原有引进模式中，双方可以相互认证和承认相关课程的学分，同时保留双方的培训计划、课程体系和教学方法，通过相关课程达到双方毕业标准的学生可以获得文凭或资格证书。组合模式对于中方的高职院校来说，相对于引进模式更有办学的话语权，这也为进一步深入合作奠定了一定的基础。

一体化模式是中外合作办学中最理想的一种模式。双方共同制订出既符合国内要求，又符合国际要求的人才培养计划、专业标准、教学资源标准等。该模式具有高度的合作性，使学生既能接受国际教育，又能适应国内对高等职业技术人才的需求，在一定程度上是中方采取主动，合作办学达到为我国经济和社会服务的目的。

（四）专业布局

2015年，教育部将高等职业教育专业划分为19个专业大类，99个次专业类别。根据地方提交教育部审批的机构和项目清单以及中华人民共和国中外合作办学机构监督信息平台发布的详细资料（2016年10月13日更新），选取中外合作办学机构数量最多的江苏省进行具体的统计分析，得出江苏省中外合作办学机构的布局。江苏省高等职业教育中外合作职业教育分为14个主要类别和44个主要二级类别。职业范围较广泛，职业类别基本完整，但职业布局不平衡，金融经济类别明显多于其他类别。而教育部和中外合作办学做得最好的江苏省教育厅，也多次向国务院提交报告，目前中外合作办学专业设置中，文科类偏多，工科类偏少，急需作出适当的调整。目前，虽然职业布局有了一定程度的改进，但仍处于不平衡状态，需要加强调控和规划。

部分高职院校在开展中外合办学项目和机构的过程中，人才培养计划和教学计划设置得不够科学。部分高职院校开设的课程，特别是引进课程，没有考虑其是否符合实际需求，一些课程也只是教授理论，在实践教学上缺乏充分论证，这样学生学习到的知识并不能完全运用到工作实践中去。另一方面，高职院校在开设外语类课程时，没有充分考虑外语类课程的实用性，也没有通过外语类课程去实现学生对外方专业课程学习的有效性，仅仅是为了开设外语课程而开设外语课程。

从我国职业技术教育的现状来看，职业技术教育与其定位和目标之间存在较大差距。近 20 年来，我国职业技术教育的发展取得了长足进步，职业技术学校的数量和高等教育学生的比例逐步提高。毕业生就业率持续上升。根据 2014 年中国职业教育质量年度报告，2013 年毕业生的月收入为 2940 元，高出 2012 年和 2011 年毕业生的月收入 7.7%、18.5%，而且毕业生工作三年后，收入的增长水平比其他职工的增长水平高出很多，甚至达到了工资三年翻倍。现在国家对教育的重视程度日益提高，对高等职业教育的投入也是逐年提升，目前高职院校的经费来源中有54% 都是国家财政投入。

虽然现在高职院校毕业生的就业率逐渐提高，但是人才培养质量与西方发达国家相比还是有很大的差距，高职院校培养的学生的国际竞争力较弱。目前，国家教育科学研究所相关研究表明，中国的职业教育竞争力在世界上仅处于中等水平，而且中国的职业教育还面临着"生源危机"和"质量危机"，由于现在国际职业教育市场尚未形成，高职院校在没有外部环境压力的情况下，难以积极应对内部变化，难以触及学校内部的固定利益格局，提升办学质量。而推进职业教育国际化、引入外部竞争、吸收国外先进经验，正是激发高职院校生命力的重要途径。

2014 年，《现代职业教育体系建设规划（2014—2020 年）》发布，指出了目前职业教育国际化程度不够高的现实，要求要有计划性、有目的性地引进国际先进的职业教育资源，并且鼓励我国的高职院校进一步加强与国外院校的合作。以国外高职院校的办学为基准，引进高质量的职业教育资源，将为我国高职院校办学要素的系统优化提出新的要求和机遇，优化领域不仅涉及人才规格和培养模式，而且涉及教学手段和学习资源，这将对高职院校的改革提出全方位的挑战。引进高质量的职业教育资源，对于激发高职院校的创新活力，提高职业教育素质，实现发展模式的转变，无疑具有重要意义。

我国高职院校经过二十多年的快速发展，一些高职院校在教育资源、办学特色等方面取得了良好的成绩。这些学校有良好的办学基础，为国际发展做了长期的准备，有的甚至有国际发展的条件。同时，在高职院校职业教育国际化进程中，高职院校也能起到很好的引领作用，但这并不意味着我国的专业和高职院校普遍具备国际化办学的实力。首先，我国高职院校开展国际化必须加强自身的办学水平，并且要对专业结构进行调整，高等职业教育国际化的主要竞争力是高质量和高效率。其次，许多高职院校引进国际资源转化率低，难以依靠国外办学资源大幅度提高自身办学水平，只能不断引进国外发达国家的先进课程体系、教学理念和管理体制，但这些先进经验尚未与我国高等职业教育相结合。另一方面，目前我国高职院校只是把国外的先进教学资源引进来，但是并没有做太多的本土化转化，没有"洋为中用"，变成自己的东西，这也导致我国高等职业教育国际化进程缓慢。中外合作办学中，受益最大的还是高职院校的学生，他们学习引进的国际化课程，使用国际教材，接受国外教师的授课，接受先进的职业教育知识，课程合格后能得到相应的国际文凭、证书等，还能通过中外合作办学项目出国深造。

三、高等职业教育国际化输出视角

在办学过程中，实践者要么将"走出去"局限于国外办学，要么将其概括为各种形式的高等职业教育国际化。但是由于"走出去"的概念没有被明确，这样就容易让高职院校陷入盲目的国际化潮流。

"走出去"战略是我国大部分高职院校国际化建设的重要手段之一。根据对部分高职院校"走出去"的经验总结，可以把"走出去"分成两种模式，一是依托外部有利条件，带动自身走出去；另一种是因为自身的实力足够优秀，有较高的国际影响力，顺理成章地实现"走出去"。而且从全国范围来看，目前大多数高职院校都是通过第一种模式"走出去"，只有极少部分高职院校通过第二种模式"走出去"。

（一）依托外部有利条件走出去办学

目前，中国已经是世界上排名前列的贸易国家。中国的商品、服务、资本和劳动力正在大规模地向国外流动，"中国制造"已经深深地植根于全球经济体系之中，这必然导致人们的工作和生活与外国的标准、规则、语言、文化和观念之间日益频繁地互动，因此，有必要提高中国人的跨文化对话和外语技能。对于技术人才来说，掌握高级国际专业技能将成为他们未来工作的必要条件。特别是随着"一带一路"建设的进一步发展，职业教育也需要走出去，成为技术人才的制定者和输出者。

现在国际市场的竞争越来越激烈，我国企业要在国际市场上取得竞争优势，就必须有国际化的人力资源作为支撑，然而目前我国企业的国际化人才的缺失已经成为制约其发展的重要因素。现状是，我国高等职业教育国际化水平还有待提高，人才培养的质量和数量远远没达到世界领先水平，教育界呼吁加快高等职业教育国际化进程的声音还不够。

而进一步实施"一带一路"建设和"南南合作"等的

关键在于人才，如果没有强大的国际化人才的支撑，这些战略行动的实施存在着很大的困难。因此，职业教育能否培养出一批高科技、适应能力强、精通相关外语、具有国际视野的技术人才，将是成功实施国家对外合作的关键，国际职业教育和国际竞争力是实现这一目标的重要前提。

随着我国"一带一路"建设的推进与实施，我国高等职业教育也开始迈向国际化和全球化。高等职业教育国际交流合作并不是单向交流，而是双向的，除了要引入高质量的国外资源，还要让优质高等职业教育资源走向全世界。一方面，要通过"引进"吸收国外职业教育的办学先进经验，增强自身实力；另一方面，要通过"走出去"、服务"一带一路"建设和国际产能合作，传播中国职业教育的特色经验，提高中国的国际声誉和影响力。在实施"走出去"战略过程中，跨国公司在华发展所需要的本土技能型人才往往成为"走出去"发展的最大障碍。为了解决本土人才短缺问题，出国企业试图与高职院校共同建立职业技能培训中心，联通本土职业教育和职业培训市场，为本土企业培养新一代产业工人。2012年6月，教育部"鼓励和引进民间资金进入教育领域，促进民办教育健康发展"，"鼓励民办资金与中国学校合作办学，提高中国教育的国际竞争力"。一些高职院校在相关政策支持下，将区域经济与"走出去"企业的发展需求相结合，通过跨国技能培训，培养本土人才。例如，红豆集团 2011 年在柬埔寨建立了一个培训中心，为集团培训当地的员工；2015 年，广东省农工职业技术学院在泰国和柬埔寨建立了农垦人才培训中心。

高职院校在服务企业"走出去"的时候，还有传播我国优秀文化的任务。目前实施这些任务的主要途径是汉语言的传播，主要载体有鲁班工坊、孔子学院和一些国际合作项目。例如，河北外语职业学院与玻利维亚圣西蒙大学共同建立了玻利维亚第一所孔子学院，也是玻利维亚唯一一所孔子学院。这些办学活动实现了以高职院校为主体的中国文化"走出去"战略的实施。另外，依靠对外援助政策，建立对外援助培训项目也是我国高等职业教育实现国际化的重要途径。商务部发布的《中国的对外援助（2014）》中提到，我国正在为需要帮助的国家提供职业技术教育服务，帮助这些国家发展职业教育。2001 年到 2012 年，中国和埃塞俄比亚联合开展了农业职业技术教育和培训，向埃及派遣了 400 多名教师，培训了当地农业职业学院 1800 名教师和 35000 名农业技术人员。中国在苏丹援建的恩图曼友谊职业培训中心累计为苏方培训学员数千名。

（二）立足院校优势输出优质教育资源

建立海外分校是我国在未来一段时间内高等职业教育发展的一个重要趋势。例如，重庆城市管理职业学院与泰国北柳职业学院合作在当地建立了海外分校。

四、高等职业教育师资国际化视角

高职教师国际化的实质是培养具备国际化的理念、意识和视野的教师。因此高职院校的教师必须具备国际化的培训经验，有一定的双语或多语言交流能力，还要有较强的科研能力和社会服务能力，具有在世界范围内寻找教学资源的能力。

高职院校师资队伍的国际化发展应遵循教师个人发展与学校国际化相统一、师资队伍建设与学校专业建设国际化相结合的原则，以及师资队伍中外结合的原则。首先，高职院校人力资源管理的目标是教师个人职业生涯规划和学校的整体发展合而为一。假设高职院校设定的国际办学目标合理，教师就会有一定的认同感，这种认同感会转化为他们自己的职业生涯规划，然后个人发展潜力就会被挖掘出来，与制度和国际发展目标一致，从而形成一种协同效应，即所谓坚持教师个人发展与制度国际统一的原则。其次，高职院校师资队伍国际化和专业建设国际化是一致的，师资队伍建设是高职院校人才培训的核心载体，这个核心需要专业建设来支撑。最后，引进和培养教师同等重视原则，即教师是提高人才培养和专业服务能力的主力军。培养一支专业知识稳定性强、外语能力强、实践能力强的教师队伍，引进"双师型"教师，就是引进了新鲜血液。培训与引进的统一是教师队伍国际化建设的基本原则之一。高职院校通过培养和加强教师能力建设，引入淘汰机制，始终坚持政策留住学生的理念，使高职院校教师的价值观与时俱进。[4]

高职院校想要更进一步，学校的师资队伍国际化建设必须实施。高职院校的人才培养都是通过教师来完成的，特别是国际化人才的培养，这就要求教师必须具有国际化的知识、国际化的实践经验和双语能力。所以说，高职院校要培养出国际化的人才，就必须有国际化的师资来支持。其中双语师资的问题是高职院校师资国际化的重要阻碍之一，因为双语师资的标准在每个地区不尽相同，而大多数双语师资只能作为语言课程的师资，并不能作为专业课师资。外籍教师除了讲授专业课程外，还可以担任普通的外语课程教师。事实上，就国际化人才的培养而言，语言课程和双语专业课程的教学对学生来说是非常重要的。首先，必须确保学生在早期的英语学习过程中能够接受系统的语言训练，学生在视觉、听觉、口语、阅读和写作方面得到适当的学习和训练。其次，没有一个训练有素的语言基础，学生就不能掌握专业知识。因此，高职院校应加大对国际水平师资培训的投入，对具有优秀职业资格的骨干教师开展国际教育，如参与国际学术交流、海外研究与培训、语言培训等，提高教师的国际素质等。高职院校师资队伍的国际化建设对学校教学能力的提升有非常大的意义，同时也是国际化人才培养的关键，因此高素质的国际化师资，是一个高职学校国际化发展的重要前提之一，如果学校缺乏国际化的师资，那么国际影响力和国际化发展必然受到阻碍。随着我国职业教育的快速发展，许多教师可以出国留学，以提高自己的教学质量和教学水平，但由于受到外语水平和素质的影响，许多教师未能充分认识到国外先进的教学方法、教学理念和教学模式，更不能充分吸收和转化外国教育资源，从而使我国国际化教师队伍综合素质提高难度增大。

目前，我国高职院校的教师来源都是高校的高学历毕业生，这些教师缺乏国际化经验和实际的工作体验。另一方面，由于学校的教学任务和科研任务繁重，没有时间开展国际化培训，这也导致这群教师更偏重理论，缺乏对全球范围内职业的理解和国际化市场的认识。但是在职业教育发达的国家，高职院校在聘用教师时，除了要求教师掌握一定的理论知识，更重要的是要有在国际企业中的工作经验和专业技能。我国高职院校对外聘教师没有建立完善的高级教师职业教育制度。高职院校国际化人才培养队伍建设滞后的根本原因在于：一是国际化教师教学水平缺乏监控体系；二是国际化教师教学能力缺乏考核体系。

　　高职院校的国际化师资，理应是兼具国际化能力和本土化特点的，但是，在实际操作者中，高职院校要想培养国际化的人才，只保证教师具有国际化能力就可以了。那么高职院校培养国际化师资的工作应怎么开展呢？首先，高职院校要搞清楚什么是国际化的师资或者什么是师资国际化。就像前文所述，第一是要具有国际化的理念、技能和视野，又要有丰富的教学经验，完成课堂授课。第二是做好教师培训工作，采取"外部培训、内部引进"的方式，建设一支国际化的教师队伍。一方面，高职院校有目的地选拔合适的教师出国教学考察、参加国际学术交流活动、继续深造，在国外高职院校开展科研合作，拓展教师的海外知识，更新教师的知识结构，增强教师的国际培训意识；另一方面，通过系统地将专业教师教育和实践课程转移到国际企业或组织进行专业技能培训，让现有在职教师了解和接触工作中的操作设备，提高操作能力和实践能力，培养他们的操作技能，也可以加强现有在职教师的技能。还可以通过引进社会中的国际化技术能人担任高职院校的兼课教师，作为学校师资的一个补充。

　　近年来，随着我国教育教学改革的迅速发展，中小学、大学和社会教育机构越来越重视外语教学，对外籍教师的需求也越来越大。为适应引进外国智力供我国使用、服务学校教学和科研、服务学校学科建设的宗旨，全国高校加大了外籍教师的招聘力度，高职院校也纷纷效仿，克服自身困难，拓宽就业渠道。据了解，目前高职院校的外籍教师，尤其是西部地区，主要是美国和中国的志愿者计划的美国教师。也可以短暂聘用外籍教师来给本土教师作短期培训。

我国高职院校的国际交流与合作工作起步较晚，大部分高职院校仍然把提高学校的硬件水平，如改善办学条件、扩大办学规模、增加招生数量等作为工作重点，而对学校的软件建设如教师队伍的国际化发展缺乏足够重视，明显存在着自主意愿缺乏和内在动力不足等问题。具体表现为教师境外交流访学比例较低，拥有国外学历学位的比例更低；教师外语水平不高，语言交流有障碍，国际交流能力较弱；聘请的外籍专家以语言类为主，数量较少，学术水平和科研能力偏低，且以讲座和短期交流居多。

高职院校教师在开设国际课程时，除了要具备扎实的专业知识外，还要具备良好的教学语言能力。客观地说，中国的许多专业领域已经成为世界级的，尤其是工程和西医。

以前制约课程国际化的主要问题是缺乏英语教师。因此，引入外籍教师就是很好的解决办法，在这方面，国内许多本科院校已率先探索，并一直走在前列。四川大学引进了大量的外国专家，每个系至少有 2~3 门专业课由外籍教师授课。2011 年，南京大学颁布了《国际课程建设项目实施细则》，并加大了课程的国外引进力度。上海财经大学引进了70多名海外院校的优秀博士和硕士，开设了全英语课程。2010年和2011年，华中科技大学分别发布了《关于建设我校高水平国际课程项目的通知》，邀请国内外知名大学的150名教授到校工作，讲授专业课程。高职院校应更加重视专业课程建设，尤其是引导本校专业教师与外籍教师联手组建一支国际化的课程团队，一个接一个地走向民众，合作打造一门扎实的课程，参与专业培训的全过程，这才是高职教师的行为。

五、高等职业教育学生国际化视角

（一）学生"走出去"

从高职院校国际合作与交流办学的总体情况来看，现有的国际合作、合作办学项目中，涉及的专业主要是水平相对较低的工商管理、财经大类等，而国外合作方一般是普通高校或培训机构，大多是外国教育机构和普通高校。而我国的高职院校充当的主要角色就是为这些普通高校和机构输送我国的毕业生去留学。另一方面，虽然我国的高职院校与其他国家的院校建立了合作关系，但是这种合作关系仅仅是以国外院校盈利为基础的，很少有双方院校积极合作开发教学资源和技术攻关等。还有就是高职院校的国际合作项目往往自费将选定的学生送往海外院校或企业学习、交流或实习三个月至六个月，这种短暂的经历只能以完成国际合作培训目标的形式出现。事实上，这种层次的国际合作交流和办学项目根本不能满足学生学习国际专业知识和掌握一般技术的需要。因此，国际合作交流与办学项目的规模和水平现在都还处于低水平状态。归根结底，目前高职院校国际合作规模小、水平不高的主要原因是我国高职院校对国际合作的规划不够长远，站位不够高。高校国际合作项目最明显的表现是公益性、价值性和效益性。但是比普通专业高出一倍的学费和其他高额条件使高校的国际合作与交流以及学校和项目的办学变相成为富裕家庭学生的国际化的经历，阻碍了那些希望通过国际合作教育或海外经验交流来提高自身整体素质的学生。而且在高职院校开设的留学项目中，一些学术和非学术培训项目的认证没有明确规定，大多数学生只能及时完成联盟培训模式，由于教育体制的不同，这些联盟培训并不能真正实现2+2、3+1等理想模式的培训目标。由于一些高职院校想要快速取得国际化的成果，他们所开设的一些合作交流项目没有制订或规划出具有法律效力的文件作为约束条件，导致与国外高校签订的国际合作合同内容不充分、不严谨，不能保证学校培养目标的实现，不能保护学生的个人利益。

　　另一方面，虽然留学经历给学生带来了许多明显的好处，但对于大多数学生和学校来说，高昂的学费仍然是一个问题。如果交换的资金由学生单独承担，那么这种交换的好处总是有限的。深圳职业技术学院在"推进国际化工程"中明确将"留学生体验"纳入工作计划。在上海教育发展的"十一五"规划中，"政府将设立专项资金支持大学生出国留学"。许多学校开始想方设法为学生提供各种各样的海外经历，或者交换学生，或者分担一些费用。因此，尽管我国已经实现了高等教育的大众化，但仍然不能满足人民群众的需要，相当一部分经济条件不被允许的家庭，仍然希望通过出国留学获得更好的教育资源。高职院校中类似的国际交流经常被学者批评为预备班和外国教育机构的资源基地。然而，高职学生出国留学主要通过学校的海外友好学校渠道进行，在高职学生升学其他渠道尚未开放、国内教育资源不足的情况下，如何平衡学生需求与教育资源短缺之间的矛盾，众说纷纭。同时随着经济全球化的加快，国内外劳动力市场将成为高职院校毕业生就业的舞台。从教育经济学的供求理论来看，需求方最了解教育产品的优缺点，也就是说，商界作为产品的使用者，最了解其教育制度培养的学生的全球竞争力。

（二）招收来华留学生

教育部在 2010 年的《留学中国计划》中提出，到 2020 年，中国将成为亚洲最大的留学目的国，并在政策保障、国际学生招生、课程设置、师资队伍建设、奖学金等方面做出了重要规划。招收来华留学生以前主要集中在普通高等院校中,但是这几年,来我国高职院校学习的留学生数量不断增加,生源国数量也在增加,但是我国高职院校招收外国留学生的总体规模并不大,而且地域区别较大,西部地区明显落后于东部沿海地区,例如江苏省全省38所高职院校,2015年24所高职院校招收了留学生,人数为966人,占学生总数的64%;2016年,这一数字上升到2655人,增长了174.84%,其中53%的学生达到毕业条件。这显示高等职业教育已逐渐得到世界各地学生的认同。在学生来源方面,主要集中在"一带一路"沿线国家和非洲国家,占80%以上。由于我国长期坚持睦邻友好的外交政策,学术上倾向于支持亚洲国家,所以亚洲国家的留学生越来越多,尤其是来自东南亚国家的留学生,近年来,泰国、越南、印尼等国家的留学生人数增长迅速。这些学生可以从资金来源上分为两类:一类是享受政府奖学金,另一类是自费学生。

在华留学生有两种类型:具有学位的留学生和高级培训生。目前,高职院校仅限于专科层次,没有便捷的发展渠道,奖学金渠道少,招生吸引力不强。在留学生招生工作中,一些高职院校充分发挥高素质和专业优势,做了很好的探索。例如,威海职业技术学院在过去三年中接收了54名韩国学生,学习了半年的汉语,并在对韩友好的学校

举办了短期交流项目，共有 191 名韩国学生和 12 名教师来
到该学院，进行了为期 7~12 天的中国语言、书法、美术、
中国烹饪和中国建筑的文化交流。当前高职院校外国留学
生群体具有以下特点：第一是时间短，多为短期交换生，
第二是人数少。对于绝大多数高职院校来说，留学生还是
一个新生事物，一所每学期都有几十名留学生的学校是罕
见的。第三，这个区域很窄。大多数留学生来自学校附近
的国家或地区，文化和风俗习惯都有很大的不同。因此，
高职院校要对这样极少数的留学生给予关怀、体贴。但是，
这些特点并不意味着不需要总结和改进文化适应、跨文化
冲突和管理细节。

参考文献：

［1］林惠，高职高专迈出国际化步伐［J］.世纪桥，2007（3）：
108-110

［2］欧文·E.休斯.公共管理导论［M］.张成福，马子搏，等，译.北
京：中国人民大学出版社，2015.

［3］冯国平.跨国教育的国际比较研究［M］.上海:上海世纪出版集团，
2010.

［4］张奕.外语师资队伍国际化建设的路径研究与实践［J］.西安
财经学院学报，2015，28（2）：111-114.

第五章

高职国际化发展案例——重庆城市管理职业学院

重庆城市管理职业学院高度重视国际合作与交流工作，全面贯彻党的十九大和全国教育大会精神，积极响应教育部关于加快和扩大新时代教育对外开放，落实《国家职业教育改革实施方案》《中国教育现代化2035》《推进共建"一带一路"教育行动》《教育部 财政部关于实施中国特色高水平高职学校和专业建设计划的意见》等文件精神，配合重庆市教育部门对外开放行动。重庆城市管理职业学院国际影响力不断扩大，2016年、2017年、2018年连续三年被全国高职高专校长联席会议发布的《中国高等职业教育质量年度报告》评为"国际影响力50强"高职院校。现对2017—2019年工作总结如下。

一、做好顶层设计，突出管理实效

（一）成立外事工作领导小组

重庆城市管理职业学院把对外合作与交流作为"十三五发展规划"十二大发展战略之一，于 2017 年成立外事工作领导小组，构建了党委领导下的外事工作领导体系，完善了工作机制，不断优化外事工作格局，全面加强党对外事工作集中统一领导。重庆城市管理职业学院多次召开外事工作领导小组会议，强化指导，充实队伍，落实保障，不断开创国际合作新局面。

（二）健全国际合作管理制度

2017—2019 年，重庆城市管理职业学院在原有的近 10 项管理制度的基础上新制订了《学生出国出境管理办法》《外国留学生奖学金实施办法（试行）》《校级"海外引智计划"管理办法（试行）》《全外文及双语课程建设与管理办法》《国际学生管理办法》《国际学生入学须知》《项目负责人管理办法》等 20 余项制度和措施，优化了海外引智、课程建设和国际学生管理机制。

（三）建立国际合作联动机制

重庆城市管理职业学院建立了国际合作与交流中心和二级机构常态化联动工作机制。中心所有工作人员定点联系相关二级学院和职能部门，形成常态化的"二级机构联络制"；中心所有工作人员定点联系每一个国际合作项目和项目负责人，形成常态化的"国际合作项目联络制"；出台《国际合作绩效考核和奖励细则》，将国际合作与交流工作纳入对所有二级机构的绩效考核和全校教职工的绩效奖励，激励全员参与重庆城市管理职业学院的国际化建设。

（四）加大重庆城市管理职业学院国际宣传力度

重庆城市管理职业学院高度重视国际合作对外宣传工作，加强和改进国际合作宣传工作的理念、内容、渠道、方法、手段，整理和升级英文网站，组织国际学生拍摄宣传视频，制作国际合作宣传画册，包括学生出国画册、留学画册等。

2019 年，重庆城市管理职业学院参加了重庆市教委在韩国全罗北道组织的"留学重庆"教育展，近 500 名韩国学生前来咨询，进一步提升了学校在韩国地区的国际知名度。

加大宣传力度的同时，重庆城市管理职业学院高度重视国际合作意识形态管控工作，构建国际合作与交流中心、宣传管理部门、安全管理部门与二级学院四位一体的联动管理模式；修订了《关于加强意识形态管理工作分级管理暂行办法》等系列文件，全面管控意识形态风险。

二、构建"五维一体"国际化发展模式

（一）着力国际平台建设

1. 省部级平台

（1）中国职教学会"一带一路"西部工作站

2019年6月,中国职教学会在重庆设立服务"一带一路"西部工作站，受市教委委托，由重庆城市管理职业学院牵头负责工作站运行工作。该工作站服务中国职业院校与"一带一路"沿线、非洲、中东欧等区域的国家合作,在学历教育、短期互访、"鲁班工坊"和海外职教中心建设等方面提供合作平台,为中外人文交流、促进民心相通做好服务。

（2）"一带一路"职业教育发展人文交流研究院

为进一步发挥人文交流在职业教育合作中的基础性和长效性作用,服务重庆城市管理职业学院参与"一带一路"建设,2019年9月,学校与教育部中外人文交流中心签订协议并授牌,共建"一带一路"职业教育发展人文交流研究院。研究院将为相关行业和企业"走出去"提供政策咨询、智力支持与资源协调,促进相关行业的中外人文交流,推动人才培养、科学研究、社会服务、文化传承创新与国际交流合作融合发展;为行业企业在国内外发展提供人文理论指导、专业人才与技术支持、发展问题的解决方案等,

满足企业高质量发展的需求；助力企业参与"一带一路"建设和国际化发展。

（3）重庆市国际教育发展研究中心职教分中心

2019 年，重庆市教委将"重庆市国际教育发展研究中心职教分中心"设立在重庆城市管理职业学院。中心围绕国家和重庆市教育对外开放，开展理论研究、决策咨询与培训，打造重庆市职业教育对外开放高端学术品牌。分中心研究人员参与了重庆市教委政策文件《重庆市教育对外开放行动 2025》和年度报告《重庆市 2018 年教育外开放报告》的撰写工作，其中《职业教育中外合作办学质量保障研究与实践》课题荣获重庆市政府发展研究奖。

（4）中国澳大利亚（重庆—昆士兰州）职业教育合作项目办公室

2017 年 10 月，重庆市教委在重庆城市管理职业学院设立了中澳（重庆—昆士兰州）职业教育合作项目办公室。中澳办公室的设立，不仅为促进重庆与澳大利亚昆士兰州开展相关合作，更要积极拓展合作空间，为重庆市职业院校搭建合作交流平台，促进与澳大利亚其他各州政府、职教机构、行业企业及社会组织广泛开展职业教育合作。

（5）澳大利亚教师海外工作站

借助中国—澳大利亚（重庆—昆士兰州）职业教育合

作项目办公室平台，重庆城市管理职业学院于 2018 年与澳大利亚昆士兰 TAFE 职业技术学院共建澳大利亚教师海外工作站。2019 年，受重庆市教委的委托，该工作站已面向全市高职院校遴选教师进站学习，并于 2019 年 9 月共计派出全市 4 所高职院校 16 名教师进站学习。

（6）威尔士教师海外工作站

重庆城市管理职业学院于 2014 年起开始与英国威尔士职教联盟开展国际合作项目，并设立了重庆市第一个海外教师工作站——英国威尔士海外教师工作站，培养国际化职业教育师资队伍。2018 年，该工作站已纳入重庆市教委公派出国留学管理平台教师出国进修项目，累计成功派出了全市高职院校教师达 50 余人次，取得了良好的效果。

（7）新加坡教师海外工作站

受重庆市教委委托，重庆城市管理职业学院管理市教委在新加坡建立的教师海外工作站。该工作站项目自 2018 年起共计派出重庆市高职院校教师 30 名进站学习，2019 年派出全市 12 所高职院校教师 26 名进站学习。

2. 世界技能大赛美容项目集训基地

重庆城市管理职业学院作为唯一一所被人力资源和社会保障部授予"世界技能大赛美容项目中国集训基地"的高职院校，承担了第 44 届、第 45 届世界技能大赛美容项目集训任务。基地成果丰富：

（1）2017年，第44届世界技能大赛在阿联酋阿布扎比举行，集训基地的选手梁英英荣获美容项目银牌。

（2）2019年，重庆城市管理职业学院集训基地培养的选手李真芹和刘嘉嘉代表中国队分别在澳大利亚全球技能挑战赛和"一带一路"国际技能大赛的美容项目中获得金牌。

（3）2019年，第45届世界技能大赛在俄罗斯喀山举行，重庆城市管理职业学院基地培养的选手李真芹荣获美容项目银牌。

3. 校级海外平台

（1）柬埔寨职教中心

重庆城市管理职业学院于2014年与柬埔寨经济管理大学共同设立"重庆城市管理职业学院—柬埔寨经济管理大学职教中心"。从2015年开始至今，重庆城市管理职业学院先后派出5名教师赴柬埔寨经济管理大学开展中国传统文化、汉语语言以及计算机基础课程的授课任务，同期该校选派学历留学生来重庆城市管理职业学院就读汉语或专业课程。重庆城市管理职业学院还与柬埔寨经济管理大学达成协议，积极资助该校的"UME-CCMC信息技术中心"进行升级改造，着实提升了该校信息中心的现代化水平，提升了当地学生学习质量和专业发展的硬件要求。

（2）中泰（重庆）国际应用技术学院

2019 年 6 月，重庆城市管理职业学院在境外设立的第一个海外分校暨中泰（重庆）国际应用技术学院在泰国揭牌成立，分校设立在重庆城市管理职业学院的泰国友好校即北柳职业学院内，分校与泰国院校联合培养物流管理、3D 艺术设计、计算机、数字媒体应用技术、空中乘务等专业的专科和本科层次人才。

（3）海外志愿者服务基地

重庆城市管理职业学院于 2018 年在泰国乌隆他尼职业学院、孟加拉国当地挂牌成立海外志愿者服务基地，开展志愿者服务。2018 年与 2019 年，重庆城市管理职业学院已选送 20 余名优秀志愿者前往海外志愿者服务基地执教。

（二）大力发展师资战略

1. 海外引智

重庆城市管理职业学院注重海外高层次人才引进工作，2018 年出台了《重庆城市管理职业学院"海外引智计划"管理办法（试行）》，率先在重庆市高职院校中启动校级"海外引智"项目，并成功立项 2 项，引进来自美国、澳大利亚的 2 名海外知名技术技能型专家作为重庆城市管理职业学院高端技能型人才队伍建设的有力支撑。依托"美中友好志愿者项目"及重庆城市管理职业学院《高层次人才建设实施方案》引进外籍教师 17 名，高水平高技能专家 17 名，海外合作院校短期访学研修教师 17 名；招聘海外优秀留学归国人才 32 名，其中高层次留学归国人才 4 名。重庆城市管理职业学院在引领校级"海外引智"、优化人才引进层次上成效显著。

2.扩大教师海外研修数量

重庆城市管理职业学院充分利用省级、校级公派出国研修项目，派出教师赴英国、德国、澳大利亚、芬兰、新加坡、韩国、泰国、柬埔寨、孟加拉等 13 个国家进行长短期培训研修、合作科研、海外工作坊及志愿服务基地执教和参与艺术作品展。2017—2019 年有 72 名教师参加省级公派的特色专业骨干教师海外研修、专业课程教师海外研修、双语师资赴境外研修等项目；40 名教师参加校级公派赴国（境）外访问交流、合作科研、短期培训、海外工作坊和海外志愿服务基地等项目。

（三）推进双向国际化育人机制

1.国际学生培养

重庆城市管理职业学院于 2011 年在重庆高职院校中率先招收留学生。通过校际互访平台构建、创新留学生招收措施等方法，2017—2019 年已经招收泰国、韩国、南非、刚果金、埃塞俄比亚、柬埔寨、缅甸、老挝、新加坡、加拿大、荷兰、科迪瓦特、几内亚比绍、刚果布、英国等国际学生 466 名，其中学历留学生 111 名、长短期研修生

355 名。

重庆城市管理职业学院物流专业泰国留学生在 2017 年参加"中国商业·直通杯"全国保税物流竞赛，表现优异，分获团体二等奖、三等奖。2019 年 5 月，重庆城市管理职业学院培养的 2 名泰国留学生在全国职业院校技能大赛高职组"互联网＋国际贸易综合技能赛项"的同期赛项"'一带一路'国家留学生跨境电商创新创业技能竞赛"中分别以个人第一和第三的成绩获得个人一等奖；重庆城市管理职业学院参赛团队以团体总分第一的成绩获得团体一等奖。2019 年 5 月，重庆城市管理职业学院培养的 2 名泰国留学生在全国职业院校技能大赛高职组"关务技能"赛项中获得团体优秀奖。

2.学生国际视野提升

近三年，重庆城市管理职业学院通过短期交流、海外实习、志愿服务、海外工作坊等多种形式，优化派出学生选拔机制，聚焦核心素养培养，提升学生国际视野。从制度上保证学生出国经历认定，从经费上增设学生出国传播中华文化、担任志愿者的奖学金类别，从过程上坚持任务导向，过程监管。重庆城市管理职业学院 2018 年在孟加拉国当地挂牌成立"学生海外志愿服务基地"，这也是自 2014 年在柬埔寨经济管理大学建立"海外职教中心"后的东南亚地区第二个海外发展平台。学生通过各种海外项目，国际视野大幅提升，成果丰硕。截至目前，共派出学生94人次，其中2018年赴孟加拉学生文化交流志愿者代表团，还受到了中国驻孟加拉国大使馆张佐大使的亲自接见。2019年，派出2名学生赴乌隆他尼职业学院执行志愿者服务。

（四）实施多元办学

1.学生海外学历晋升

重庆城市管理职业学院与国外优质院校以课程互认为前提，实现人才共培、学分互认，提高学生的综合素养和国际竞争力。2011年、2016年，重庆城市管理职业学院先后与韩国大邱大学、英国斯旺西大学持续开展学生学分互认项目，2017年、2018年、2019年总计派出14名学生参与该学历提升项目。这三年，重庆城市管理职业学院与德国萨尔兰工程和经济应用技术大学、芬兰坦佩雷应用技术大学、法国欧仁学院、澳大利亚昆士兰TAFE职业技术学院、澳大利亚时代教育集团旗下6所院校、新西兰ACG教育集团旗下2所院校等8个国家的12所高校签订了学生学分互认协议

2.中外合作办学

重庆城市管理职业学院为适应教育国际化发展趋势，充分引进国外优质教育资源，同世界一流资源开展高水平合作办学，进一步提高办学实力和水平，为国家和地方经

济社会发展培养紧缺的国际化技能人才。重庆城市管理职业学院与德国柏林易北大学合作举办的"老年服务与管理专业高等专科教育项目"获教育部备案审批通过。同时，重庆城市管理职业学院物流管理专业和园林技术专业正在与海外知名院校开展合作，为下一步申报中外合作办学项目奠定基础。

（五）整合教学科研资源

1.凝聚国际科研资源

2017—2019 年，重庆城市管理职业学院与德国、澳大利亚、泰国等合作院校开展国际合作研究。师生共发表EI、SSCI 期刊论文及国际化研究论文 123 篇；承担教育部和重庆市人民政府共建现代职业教育体系国家制度建设试验区重庆市职教研究重大专项课题"职业教育多元办学与国际交流合作制度建设研究"、重庆市社会科学规划项目"'一带一路'沿线国家职业资格框架与国际合作办学策略研究"、重庆市教委教育综合改革研究课题"'一带一路'背景下促进高职院校国际影响力提升的改革发展研究"、重庆市教委人文社会科学科研重点项目"新时代重庆高等职业教育对外开放的创新发展战略研究""'一带一路'视野下重庆—东盟高职教育跨境输出路径及调适对策研究""'一带一路'建设背景下重庆高职教育'走出去'路径创新研究"等10 余项国际合作科研项目；出版《中国职业教育国际化策略研究》《德国养老服务体系研究》《德国职业教学法》《职业教育中外合作办学质量保障研究——以中澳合作办学为例》《澳大利亚职业教育课程质量保障研究》等；研究报告《职业教育中外合作办学质量保障研究》获得 2018 年重庆市政府发展研究奖。

2.建设国际课程资源

2017—2019 年，重庆城市管理职业学院制订了旅游管理、物流管理、会计、计算机网络技术和软件技术专业国际学生人才培养方案 5 个。2018 年，重庆城市管理职业学院设立了独立的"对外汉语教研室"，开设了全外文及双语课程 30 余门，制订课程标准 30 个，数字化讲义 30 套；"运输管理""酒水调制与酒吧管理" 2 门课程成功申报并获立项了"中泰职教联盟"在线课程，与孔敬大学孔子学院合作开设"职业汉语"课程。重庆城市管理职业学院还与英国尼斯塔尔伯特集团学院签订了共建园林技术专业和职业技能培训基地协议，双方共同开发专业标准、课程标准和教学资源，服务重庆城市管理职业学院国际化人才培养。

三、发挥示范引领作用

1.接待国内外院校来访

2017—2019 年，重庆城市管理职业学院接待英国、德国、澳大利亚、美国、黑山共和国、新加坡、韩国、新西兰、日本、泰国等 10 多个国家，德国萨尔兰工程和经济应用技术大学、澳大利亚昆士兰 TAFE 职业技术学院、英国伯恩茅斯大学、美国阿肯色大学、黑山共和国波德戈里察市电子技术职业学院、泰国国家教育行政学院等 50 余个境外院校来访洽谈合作。浙江商业职业学院、浙江海洋大学、安徽淮南职业学院、重庆工业职业技术学院、重庆文化艺术职业学院、重庆旅游职业学院、四川工程职业技术学院、四川财经职业学院等市内外 30 余所职业院校来重庆城市管理职业学院交流考察。

2. 结对帮扶兄弟院校

为发挥重庆城市管理职业学院的辐射引领作用，本着共享资源、共同发展的理念，重庆城市管理职业学院与重庆水利水电职业技术学院、重庆文化艺术职业学院、重庆旅游职业学院 3 所学院开展结对帮扶，为国际合作机制建设、能力建设、项目引进等方面提供专家咨询指导和资源共享。2017—2019 年共计派出师生 50 余人次进行现场展示和经验交流。

3. 承办国际交流活动

2017—2019 年，重庆城市管理职业学院共组织了多次国际合作与交流大型活动，促进重庆市职业院校与海外教育机构签订合作协议 30 余项。依托重庆城市管理职业学院中澳（重庆—昆士兰）职业教育合作项目办公室，举办中澳职业教育合作活动 4 次；重庆城市管理职业学院承办了由重庆市教育委员会支持，重庆高职教育国际合作联盟主办的"2018 年重庆市职业教育中外合作办学项目洽谈会"和重庆市教育国际交流协会主办的"重庆市教育国际交流协会五届二次会员代表大会"，两次会议聚集了 20 余个国家、150 多家中外单位，共计 300 余名代表及专家学者来重庆城市管理职业学院交流。这些活动的开展有利于进一步推动重庆城市管理职业学院实施"引进来"和"走出去"国际化发展战略，充分展现了重庆城市管理职业学院的国际合作与交流水平。

4. 国际国内会议交流

为提高重庆城市管理职业学院国际合作与交流水平，营造学术文化氛围，重庆城市管理职业学院多次举行或受邀参加各类国际国内会议，分享中国职业教育技术技能标准，学习国外院校职业教育教学、科研的先进经验。

2019 年 1 月，重庆高职教育国际合作联盟 2018 年年会在重庆工程职业学院召开，重庆城市管理职业学院国际合作与交流中心主任吕红在会上作了专题经验交流。

2018 年 6 月，重庆城市管理职业学院党委书记任波一行 6 人受邀赴德国斯图加特市参加德国 IB 大学董事会议。任波书记应邀做了《行千里　致广大　携手推进中德养老服务长远合作》的专题报告。

2018 年 12 月，美中志愿者项目 2018 年度重庆市培训会顺利举行，重庆城市管理职业学院国际合作与交流中心副主任邓春梅在会上作了《美中友好志愿者合作教师工作机制探索与实践》主题交流。

2017 年 6 月，中国职业技术教育学会对外合作与信息服务部主办的第四届全国职业院校国际交流与合作办学研讨会在重庆顺利召开。现代执教研究所所长吕红受邀在此次会议上作专题报告。

5. 凝聚媒体关注宣传

人民网、新华社、新华网、华龙网、重庆日报、重庆电视台、重庆市教育委员会公众信息网等近 10 家新闻媒体相继做了题为"30 名南非留学生在重庆城市管理职业学院开启留学之旅""'一带一路'职业教育发展人文交流研究院签约暨授牌仪式"等的 30 余次报道，扩大了重庆城市管理职业学院国际合作成效的社会影响；重庆城市管理职业学院与孟加拉国东南大学达成师生短期互访、教师培训、学生汉语志愿服务等教育合作意向，还受到孟加拉国 *Daily Star* 和 *Independent* 等媒体的争相报道，在国际社会起到了一定的影响作用。

第六章

我国职业教育国际化面临的机遇与挑战

一、我国高等职业教育国际化面临的机遇

（一）经济全球化成为不可逆转的趋势

经济全球化作为一个客观的历史进程，影响了人类社会的诸多方面，是职业教育国际化产生的重要背景，为职业教育国际化发展奠定了重要的基础。

经济全球化是生产力和国际分工高度发展的产物，是指商品、信息、技术、资金等生产要素超越国界，在世界范围内自由流动，促进各国各地区相互交织、相互融合成统一整体的历史过程。

在人类文明史中，发生了三次全球化的进程，第一次发生在古罗马时期。罗马修建了以罗马城为中心的四通八达的道路系统，连接了欧洲、中东和北非地区。第二次发

生于 15 世纪末的大航海时代。这是一次基于海洋与贸易的全球化，其本质是将殖民地变为黄金、白银、经济作物和多种生产资料的来源地，同时成为宗主国工业制造品的倾销地。第三次是 20 世纪 70 年代开始的由美国主导的全球化，美国以"超级大国"优势在技术、文化、标准、价值观等各方面向全球输出影响力。[1]经济全球化促进了信息在全世界的传播，增进了各国人民之间的交流互动，扩大了货物、资金等流通，推动了科技的进步与发展。

随着经济全球化的深入发展，生产要素和人才流动规模日益扩大，全球治理体系逐步完善，以中国为代表的发展中国家、新兴市场国家群体性崛起，世界多极化的发展趋势日益凸显。生产、贸易、金融、投资等经济活动和人们的生活都受到深刻影响。世界各国各地区的经济关系越来越紧密，且已经不可逆转。

经济全球化着眼于实现生产要素和资源在全世界范围内的最优化配置，但其不仅仅是一个纯粹的经济现象，而是波及政治、经济、文化等各领域的全方位的强大推动力量，在经济全球化背景下，各国之间的地域界限被打破，信息交流依托互联网等技术的普遍应用变得更加顺畅，世界范围内的政治对话、经济合作、文化交流的程度更深、范围更广、规模更大，地球成为名副其实的"地球村"，为职业教育国际化奠定了物质基础。

经济全球化使世界各国各地区的合作越来越紧密，但是也让竞争变得越来越激烈。21世纪的竞争，从根本上讲是人才的竞争，拥有适应全球化发展要求的人才资源是各国迫切的现实需要。越来越多的国际交流、合作、竞争，要求从事跨国经营等业务的人员不仅要熟悉掌握经济领域的国际运行规则，还需要成为了解其他国家或地区的政治、社会、文化等知识，且具备良好外语沟通能力等国际化能力的复合型人才。因此，哪个国家掌握了国际化人才资源，哪个国家就在竞争中获得了优势。

在全球化进程中，教育通过培育人才、科研创新、服务社会等形式，把具有潜在价值的生产力与全球化发展需求紧密对接，促进劳动力的成长与发展，使其能够转化为符合现实需要的生产力，并促进产生新的生产力。部分国家把教育作为出口产业，大力扶持和推广，教育国际化已超越教育自身的改革发展层面而上升到国家战略层面。例如，美国在20世纪90年代开始重视国际教育交流，以便利用经济全球化。1999年美国颁布的《国家安全教育法》提出了三个新的国际教育交流项目：一是向本科生提供出国留学奖学金；二是提供奖学金；三是加强高校国际项目建设。自从这项法律实施以来，在美国的国际交换生的数量一直在增加。1991—1992年，全世界约有三分之一的国际学生在美国学习。1999—2000年，在美国学习的学生人数达到514723人。同一时期，美国留学生的数量急剧增加，从1989—1990年的70727人增加到1999—2000年的143490人，增加了一倍多。据不完全统计，2001 年，美国大学和学院有 547867 名外国学生，这些学生为美国带来了 33 亿美元的收入。[2] 各国通过教育国际化服务本国发展，增强国际竞争力、影响力和美誉度。

全球化背景下，职业院校作为技能型人才培养的主阵地，被赋予了国际化发展的强大引擎，增强了面向世界培养高素质技术技能人才的内驱动力。从全球化发展的旨向来看，其着力在全世界范围内建构全球性的统一标准，以及能够超越国别、地区差异的全球性模式。而职业教育国际化推动在价值理念、文化心理存在差异的国家、民族、组织机构以及个体开展学习借鉴，增进沟通交流，促进国际理解和包容，实现合作共赢。因而职业教育除了要扩大与国内职业教育市场有关主体间的交流合作，还要同时加大与国际职业教育领域的对接，培养具有国际化视野、责任担当精神和世界公民意识的人才，这是经济全球化的必然结果，也能为经济全球化发展提供有力的技术技能支持。

（二）我国开放型经济快速发展

中华人民共和国成立以来，特别是改革开放以来，各个领域飞速发展，都在国际社会上取得了显著的成绩。据相关资料，在中华人民共和国成立初期到 2016 年的几十年间，我国对外援助累计达到了 4000 多亿元，实施了 5000 多个国际援助项目，为第三世界国家培训了 26 万名技术人才；对外直接投资超过 1.2 万亿美元，同时也累计吸引外资超过

1.7 万亿美元。[3]

2017 年，中国 GDP 总量占到了世界的 15%，比五年前增长 3 个百分点，对世界经济增长的贡献率约为 30%，为促进世界经济稳定增长做出了积极贡献。[4]

加入世界贸易组织后，中国与其他国家和地区的贸易往来更加频繁，融入经济全球化的步伐加快，与世界的融合不断加深。

2018 年，联合国发布了《2018 世界投资报告》，报告指出中国已经成为世界第二大外资流入国和第三大外国投资国。中国在经济全球化进程中，促进了世界经济的繁荣，也为世界经济的发展做出了重要的贡献。新时代扩大开放，中国更加主动参与和推动经济全球化进程，发展更高层次的开放型经济，推动形成更具质量和效益的全面开放新格局，这不仅会带动我国经济的全球化发展，提高我国的国际影响力、竞争力，同时也会为我国职业教育国际化注入更加有力的动力支持，提供更多加快职业教育国际化发展的契机。

耶鲁大学陈志武认为："历史上，产业结构本身的变化得到了教育方式、教育理念和教育结构变化的补充。一个国家的产业结构决定了其教育知识的结构。"放眼世界近现代史，英国在第一次工业革命时期的崛起，离不开技术教育先行战略下培养的大批产业技术工人提供的人才保障；第二次世界大战后德国实现工业复苏、经济腾飞，离不开"双元制"的职业教育，建立了大量的高技能人才基地。当前，中国正面临产业转型升级的重大战略机遇期，且随着越来越多的外资、技术、设备的引进，需要有更多适应经济发展、产业转型升级和国际分工合作要求的技术技能人才作支撑。

职业教育以培养面向生产、管理、建设一线的技术技能人才为己任，以促进学生成长成才、推动经济社会发展为旨归，直接关系民生福祉、社会发展和国家强盛。在开放发展的历史洪流中，在中国经济转型发展的重要档口，职业教育要准确把握时代的脉搏，继续坚持和扩大开放，通过国际交流与合作，学习借鉴国际职业教育发展的先进经验，建立现代职教体系，树立先进职教理念，探索新型产业的人才培养标准，加大力度培养具有国际能力的专门人才，为经济社会发展输送更多适合经济社会发展需要的人才。同时也为我国企业"走出去"、培养当地人才、实现互利共赢提供强劲的人力支持。

（三）"一带一路"建设深入推进

2013年，"一带一路"建设提出。"一带一路"建设的提出为构建"人类命运共同体"注入了政治、经济和文化内涵，得到了全球多数国家的高度重视和积极响应。2015年，我国从时代背景、共建原则等方面为世界阐述了"一带一路"的意义与方向，并正式启动"一带一路"行动。

当今世界，经济全球化不断深化，区域经济一体化进程加快，全球经济格局面临深刻调整，许多国家也面临着经济转型升级的迫切需要。"一带一路"建设横跨欧亚大陆，南接非洲东北，将东亚、东南亚、南亚、中亚、欧洲南部以及非洲东部的新兴经济体和发展中国家的 40 多亿人口联系在一起，覆盖 40 多个国家，为沿线国家实现优势互补、互惠共赢、开放发展提供了新机遇。"一带一路"建设是我国根据发展形势和面临新挑战提出的伟大构想。它秉持和平合作、开放包容、互学互鉴、互利共赢的理念，通过有效优化资源的合理配置、促进市场高度融合发展，不仅有利于形成中国全方位对外开放的新格局，还能推动沿线国家实现全方位务实合作，形成具有高度开放性、包容性、均衡性、普惠性的区域经济合作架构，从而更加有力地维护全球贸易体系和开放型体系，促进沿线各国加强交流、互鉴与合作，推进各国产业发展、经济繁荣，进而推动世界和平发展，造福世界人民，是构建互利共赢的利益共同体、共同繁荣发展的命运共同体和责任共同体的伟大探索，契合沿线国家共同的需求，也符合世界各国的发展利益。

自习近平总书记提出"一带一路"建设以来，其得到国际社会的广泛响应，多个国家和国际组织与中国签署相关合作协议，务实合作稳步推进。2017 年，第一届"一带一路"国际合作高峰论坛在北京举行，论坛上各国各地区明确了合作领域与方向，取得了一系列的成果，为当前国际合作开创了一个新局面。"一带一路"建设，源自中国，惠泽沿线，福绵世界，已成为促进贸易发展、推动全球经济治理变革的新引擎，彰显着互联互通、开放包容的文化胸怀。

在教育领域，我国积极推进与"一带一路"沿线国家的教育合作，2016 年，我国教育部就启动了教育领域的计划，如"一带一路"教育的行动计划、"丝绸之路"项目（课程）、师资培训计划和联合人才培养与推广计划等；并设立奖学金吸引沿线国家的学生来华学习。截至 2016 年底，来自"一带一路"国家的 20 多万名学生在中国学习。自 2012 年以来，已有超过 35 万中国学生前往一带一路沿线国家学习。仅在 2016 年，就有 7.5 万人，比 2012 年增长了 38.6%。沿线国家共有 46 万人通过孔子学院和孔子课程学习汉语。[5]

"一带一路"建设顺应我国对外开放发展、产业转型和国际产业转移、经贸合作的需要，意义深远，影响巨大，蕴藏着无限的发展机遇，也将持续助推中国职业教育国际化。职业教育坚持以社会需求为发展动力，以服务为宗旨，以就业为导向，按照行业发展要求设立专业，注重培养符合社会需求的技能型人才。在"一带一路"建设的宏伟蓝图下，我国职业教育肩负着新的历史使命，面临着新的发展机遇。

"一带一路"建设涉及交通、旅游、贸易等诸多领域，中国大型企业走出国门拓展国际市场，亟需更多相关行业的技术技能型人才作支撑。与此同时，"一带一路"沿线各国人力资源也不均衡，需要扩大教育规模，培养更多有知识、有文化的技术技能人才。除学历教育外，涵盖职业课程、技能培训等灵活多样的职业技术教育需求增大。"一带一路"建设与人才需求之间的供需矛盾将愈发凸显，职业教育培养技术技能型人才的重要作用也将愈发凸显。

职业教育要结合国家的综合优势、地区的资源禀赋和职业院校自身的特色，继续在"一带一路"沿线招收与培养留学生，开展行业专门培训，为"一带一路"建设培养具有国际化视野、较强的创新意识、能够积极参与国际事务的国际化人才，创造新的生产力，抓住新的历史机遇，提升职业教育国际化的质量，为行业企业走向"一带一路"沿线国家和地区提供人才支撑，为"一带一路"建设的持续推进提供基础性保障。

教育是富有人文关怀的事业，也是与经济社会发展联系最为紧密的教育形式，富有"润物细无声"的人文交流属性，具有促进"一带一路"沿线民众相知相亲的天然优势。职业教育可为"一带一路"建设架起民心相通的桥梁，搭建国际交流的平台，构建文化的纽带，在国际化办学的进程中讲好中国故事、传递中国声音、弘扬中国精神、传播中国文化，传承专业、敬业的职业精神和精诚团结的合作精神，在人文、学术等方面开展更加丰富的国际交流与互动，扩大中国职业教育在国际社会的舆论话语权，提升国际声誉，增强国际认同，发挥好职业教育"黏合剂、催化剂和润滑剂"的作用，拓展民众的多元文化共生视野，增强我国人民与"一带一路"沿线国家人民的交流、理解和互信，夯实"一带一路"沿线国家的民意基础。

（四）政策保障坚强有力

随着中国对外开放的不断扩大，职业教育国际化正受到越来越多的关注。近年来，我国出台了一系列政策，为职业教育国际化提供了强有力的政策支持，对职业教育国际化起到了鼓励、引导和规范的作用。

1995 年，《中外合作办学暂行规定》颁布，对中外合作办学机构的设立、运作和监督作出了明确规定，确立了中外合作办学机构政策的基本框架；2002 年，《国务院关于大力推进职业教育改革与发展的决定》发布；2003 年，《中华人民共和国中外合作办学机构条例》颁布。这一系列政策法规的颁布，证实了我国职业教育对外开放的决心。2010 年，《国家中长期教育改革和发展规划纲要（2010—2020 年）》明确提出加强国际交流与合作，引进优质教育资源，提高交流与合作水平，进一步扩大对外开放。2014 年，国务院发布《关于加快发展现代职业教育的决定》，"加强国际交流与合作"，"建设一批世界一流的高职院校和重点专业，形成培养具有国际竞争力人才的高地"，指出应进一步实施中外职业院校合作项目，推广适合中国企业、"走出去"的职业教育发展模式，重点培养符合中国企业海外生产经营需要的本土人才；积极参与制定职业教育的国际标准，制定符合专业标准和课程的国际标准和先进标准；提升全国高职技能竞赛的国际影响力。

2014 年 6 月，《现代职业教育体系建设规划（2014—2020 年）》提出"建设开放型职业教育体系""扩大引进优质职业教育资源"和"鼓励骨干职业院校走出去"；2015 年 9 月，《高等职业教育创新发展行动计划（2015—2018 年）》明确了职业教育国际化的具体要求，提出要拓展与"职业教育一带一路"国家的合作，积极探索和服务"走出去"企业的需求，培养具有国际视野和国际规则知识的技术人才和中国企业海外生产经营所需的本土人才，要求中国人具备更广阔的发展规划能力，中国职业教育的发展要与中国企业和产品的"走出去"相匹配；2016 年 4 月，《关于做好新时期教育对外开放工作的若干意见》提出充分发挥教育在"一带一路"建设中的重要作用；2016 年 7 月，教育部《推动共建"一带一路"教育行动》鼓励中国优质职业教育走出去，合作设立职业院校、培训中心，合作开发教学资源和项目等。过去，人才培养、科研、社会服务、文化传承和创新被普遍认为是高等教育的四大职能，以习近平同志为核心的党中央把对外交流与合作作为高校的"第五职能"，对高校加强国际教育、提高国际竞争力提供了强有力的支撑，对高等教育走国际化道路具有重大的指导意义和深远的影响。

随着护航职业教育国际化政策体系的不断完善，护航职业教育迎来了发展的黄金时期。职业院校应以更加积极开放的态度、更加务实主动的实践，进一步加强国际交流与合作，抢抓时代机遇，释放政策利好，开创国际化办学的新局面。

（五）我国职业教育蓬勃发展

改革开放以来，随着经济社会的快速发展，在党和政府的高度重视下，职业教育成为我国教育发展的战略重点，得到了长足的发展，也为我国庞大的人口负担转化为人力资源优势、释放人口红利发挥了关键性的作用。"中国建立了世界上最大的职业教育制度，中等和高等职业学校分别占到中国高中教育和普通高等教育的一半。每年，近 300 万家庭的孩子实现了他们的梦想，通过职业教育培养出第一代大学生。2016 年全国共有职业学校 1.23 万所，年招生 930.78 万人，在校生 2680 万，每年有 21 万人和数亿人在各个领域接受培训。职业学院提供近 1000 个专业和近 10 万个专业点，基本覆盖了国民经济的所有领域。"[6]职业教育与经济社会发展的契合度不断增强，为我国经济社会建设提供了强大的人力支持和技术支撑。

近年来，我国对职业教育的财政投入逐步加大，2015 年全国职业教育财政性经费达 2950 亿元，比 2010 年增加 1490 亿元，增长 102.1%，年均增长 15.1%。国家实施了"示范高职院校""重点高职院校"等一系列重大工程，创建了一批重点学校和重点专业，培养了一批骨干教师。高职院校办学条件明显改善，办学面貌焕然一新。在办学视野和理念上，职业院校既加强自身办学能力建设，又主动参与竞争，广泛汲取世界范围内职业教育的先进经验，开阔了国际视野。在内部管理和运行机制上，职业院校认真落实国家发展职业教育的大政方针，进一步理顺机制、规范管理、健全内部质量保障体系，切实提高教育教学管理的科学化水平。在师资队伍建设上，职业院校日益重视"人才强校"，坚持"走出去"与"引进来"并举，优化原有师资队伍结构，加大教师培训力度，引进具有国际化背景的海归人才，有效提升师资队伍的整体水平。此外，在信息化时代，职业院校信息化程度明显提高，现代信息技术应用普遍，与国外职业院校信息沟通的距离缩小，为国际交流活动开展打下了基础。总体而言，我国职业教育整体办学实力得到较大提升，可持续发展的后劲显著增强，职业院校开展国际化办学的条件日益成熟。

职业教育的国际化水平不仅是职业教育发展水平的标志，体现着职业教育在全球范围内的影响力和全球职业教育领域中的话语权，也在一定程度上彰显着国家的综合竞争实力。随着我国综合实力稳步提升，国际地位不断提高，国际影响力不断增强，在国际事务中发挥着越来越重要的作用，职业教育国际化成为职业教育发展的必然趋势，也是职业教育寻求更加广阔发展空间的能动性选择。我国职业教育进入了进一步加强自身内涵建设、深化教育教学改革、实现职业教育资源优化重组的新时期，不断提高自身办学实力，积极推进国际交流与合作，以国际化促进现代化。

（六）"走出去"战略持续推进

"走出去"战略对于调整产业结构，推动建成更加完善、更具活力的社会主义市场经济体系发挥了积极作用，同时也促进企业在更加市场化、更加开放的世界中更为主动地去获取资金、技术、市场等资源，增强自身实力，不断发展壮大。2005 年，外资流入超过 100 亿美元。2013 年，超过 1000 亿美元。2015 年，外商投资额首次超过利用外资额，2016 年达到 1961.5 亿美元，从 2002 年的世界第 26 位跃升至 2016 年的第 2 位。2002—2016 年，香港对外投资的年均增长率为 35.5%。在投资股票方面，2007 年首次突破 1000 亿美元，2015 年突破 1 万亿美元，2016 年攀升至 13573 美元。外国投资股票从 2002 年的世界第 25 位上升到 2016 年的第 6 位。

党的十八大以来，面对世界经济缓慢复苏、国际市场需求低迷的复杂局面，我国一方面做好"引进来"工作，另一方面创造性地提出"一带一路"建设，鼓励资本、技术、产品、服务和文化"走出去"，着力构建开放型经济新体制，不断提高开放合作的能力，提高对外开放的水平，推动形成全面开放新格局。"一带一路"建设对中国扩大对外开放、促进经济转型升级、增进与沿线国家和地区互惠共赢筑牢坚实的支撑，也为中国企业充分挖掘和利用广泛的市场资源、更加稳健地"走出去"提供了十分宝贵的历史性机遇。

企业"走出去"符合企业自身发展需要，也契合国家整体战略部署，具有强劲的内驱动力，有助于深化国际产能合作。从本质上讲，企业"走出去"是一种经济活动，但新形势下，企业"走出去"投资发展不仅涉及当地法律、政策、技术等问题，还会涉及用工、人才培训等问题。特别是一些重大的建设项目工程较为直接地带动相关产业发展和专业人才的需求，需要在当地培养项目建设者，或由国内直接输出高端的技术技能人才。在进行对外投资、扩大国际化经营规模和水平的过程中，国际化人才不足直接成为企业"走出去"发展的瓶颈，许多开拓境外市场的国内企业都大量缺乏既具备基本的外语沟通交流能力，又对当地社会法律法规、风俗习惯较为了解,且具备专业知识、技术、经验的技术技能人才。因此,企业"走出去"需要培养自己的"走出去"教育责任人。

随着国内产业和资本输出的步伐加快,职业院校要抓住境外办学、人才培养、国际交流的新机遇,加快职业教育输出的探索,通过开展多层次的职业教育和培训,加大当地急需的技术技能人才培养力度,促进劳动力素质能力提高,加强人文交流、促进民心相通、强化人才培养,为经贸合作交流提供更加有力的支撑,助推我国企业走稳、走远。

(七)我国教育对外开放的有益探索

在对外开放的宏伟进程中,教育始终发挥着基础性和主导性的作用。改革开放以来,教育对外开放不断向前推进,教育交流日益广泛,深化双边多边教育合作,教育国际化水平不断提高,教育对外开放事业呈现蓬勃发展的局面。

我国普通本科院校开展了较多国际化办学探索,积累了宝贵的国际交流合作的实践经验,许多成功的做法值得职业院校学习借鉴。2004 年,我国在韩国合作建立了第一所孔子学院,在之后的 12 年里,我国一共在全球 140 个国家建立了 500 余所孔子学院和 1000 余间孔子课堂。孔子学院的建立掀起了"中国热",为推广汉语和中华文化、提升国家形象和影响力起到了非常积极的作用,国际职业教育界对中国的关注度显著提升。我国职业教育发展取得的成就也赢得了更多的合作机会,职业院校开展国际化办学蕴含着巨大的潜力和广阔的发展空间。

　　1993 年，金陵科技大学与澳大利亚高等院校合作开设"双组合"课程，成为高等教育领域第一个跨国合作职业教育项目。高职院校坚持"走出去"与"引进来"并重，积极开展国际交流与合作，国际化活动日益增多，中国特色职业教育的质量和特色逐渐吸引来华留学生。

　　为配合国际发展的新趋势，《2017 年中国高等职业教育质量年度报告》以全日制国家（海外）的留学生人数、非全日制国家（海外）的留学生培训职业教育、学生"走出去"的时间、在海外组织担任专职教师的人数、发展中国家（海外）批准的行业或专业教学标准的数量以及在海外技能竞赛中获奖的数量等指标，第一次发布了我国高职院校的国际影响力前 50 名，显示了高职院校的国际影响力水平。一些办学实力较强的职业院校树立国际化视野和办学理念，汲取国外职业教育先进的教育教学经验，开展师生海外学习交流，引进国际师资，招收和培养留学生，拓展中外合作办学项目，参与国际学术性会议、论坛，引进国外优质课程，推进具有国际特征的专业和课程建设，建立国际化的合作伙伴关系，与跨国企业共建实习实训基地，设置培训中心、海外教育分支机构，积极整合职业院校、政府、科研机构、志愿者组织等资源，开展多元的国际事务交流与合作，形成比较优势，以教育国际化推动自身办学质量提升和可持续发展的"造血功能"增强，取得了较为显著的成效，丰富了教育国际化的探索与实践，提高了中国职业教育的影响力和吸引力，为进一步提高职业教育国际化水平、增强创新能力和竞争实力奠定了坚实的基础。

二、我国高等职业教育国际化面临的挑战

改革开放 40 多年来，我国职业教育国际化迈出了稳健的步伐，开展了广泛的国际交流与合作，形成了多层次、多形式、宽领域的国际交流格局。但总的来说，我国高等职业教育的国际合作水平仍有待提高，还需要进一步扩宽国际合作的深度和广度。

（一）国际化办学战略性规划不足

奈特是研究高等教育国际化问题的权威专家，她说："如果没有一套明确的国际化动机、一系列目标以及相应的政策、计划、监测和评估系统，这将是对大量复杂的国际机遇的零散、临时和简单的回应。"教育国际化发展不是短期行为，涉及面广，发展时间长，与国际化人才培养目标相贯通，是一项复杂的系统工程，关涉到学校教育教学资源和管理的诸多方面，需要通过科学的顶层设计、系统的整体规划来厘清发展思路，明确国际化办学的指导思想、具体原则、目标任务、保障措施等，抓住关键、突出重点、盘活全局，从而建构起国际化长远发展的路径，并使发展路径清晰可见。

近年来，我国虽出台了规范和促进教育国际化的政策法规，但职业教育有其特性，职业教育的国际化发展也不是一所学校的国际化或一区域的教育国际化，涉及多个部门，亟须政府制定职业教育国际化发展的战略，加强科学的顶层设

计，对职业教育国际化进行整体规划，进一步明晰职业院校国际化发展的思路和重点，出台更具针对性、指导性、前瞻性、规范性和可操作性的法律法规，切实引导和制约各主体行为，为职业院校开展国际交流与合作提供更加坚实有力的政策保障，规范和推动职业教育国际化健康有序发展。在现有职业院校开展国际交流合作的基础上，还可遴选出部分具有国际化办学优势的学校或具有较强竞争力、影响力的特色专业，通过整合资源优势，组团进行国际交流和推广，构建具有中国特色的职业教育国际化路径，打造具有中国特色的职业教育品牌。当前，在"一带一路"建设背景下，随着企业"走出去"战略深入推进实施，我国职业教育尤其需要进一步梳理总结中国职业教育的特色，并以标准化范式融入国际化发展的规划中，以适应"走出去"的需要。

从职业院校自身来看，目前，许多职业院校追求国际化办学的高档形象，但沉心静气谋求国际化长远发展、制订清晰的国际化办学规划的职业院校较少，"东一榔头西一棒槌"地开展国际交流的院校较多。有的院校没有全面深入、及时准确地理解职业教育国际化的诉求，对职业教育国际化的战略性、发展现状认识不足，缺乏科学的顶层设计，对自身的国际化办学定位不明确，片面追求国际化办学的名声或者创收，没有将教育国际化和学校发展布局、人才培养计划等紧密联动。有的学校即使在学校整体发展规划中有列入国际化的内容，但多数是将国际化进行笼统的阐述，缺少系统性、针对性的具体安排和行动设计。不少职业院校的国际化办学浮于表面的热闹，国际化项目零零散散且比较盲目，不具有系统性、协同性、可持续性，呈现国际化模式的同质化。尽管不少院校已意识到"一带一路"建设对职业院校开展国际化办学是十分宝贵的机会，但是对于如何通过这一战略性机遇来推动职业教育国际化向纵深发展缺乏深入的思考谋划。由于在推动工作的实践中缺乏完善的工作机制和有力的制度保障，国际化呼声一时热闹之后并没有切实可行的举措跟进，使得不少职业院校的国际化办学名不副实。

（二）高等职业教育国际化发展不均衡

我国高等职业教育国际化水平存在两个发展不平衡的问题，一是区域发展不平衡。我国职业教育国际化的不平衡和我国区域经济社会发展的不平衡相伴而生。经济较为发达的东部沿海地区职业教育发展成效更优，且对国际化人才需求更大、对国外留学生的吸引力更大，国际交流活动和国际化办学项目也更多，所以从职业教育国际化的速度、规模和质量来看，我国经济发达的东部沿海地区比经济相对落后的内陆地区明显占据优势。中西部地区的高等职业教育普遍薄弱，与东部沿海地区还有很大的差距。

二是院校之间的发展不平衡。近年来，我国加大对职业教育的办学投入，职业院校办学的软硬件条件日益改善，职业教育发展取得了长足的发展。中国职业教育已形成以示范院校和重点大学为代表的重点院校。这些学校具有良好的教育教学资源、比较突出的办学特色、丰硕的办学成果，具备开展国际化办学的条件，且从促进自身可持续发展的角度出发，有开展国际化办学的迫切需要和强烈意愿。重点职业院校以自身办学实力作支撑，能够主动地迎接国际化发展的机遇，积极参与到国际化发展的竞争中，国际化办学的步伐较快。但这并不意味着我们所有的职业院校都有国际学校的实力。非重点学校因为自身底子薄、起步慢，在抓自身实力建设上亟须投入大量时间、精力、财力，对国际化办学的认识不到位，没有产生强烈的国际化办学意愿，开展国际化办学的积极性、主动性不够，甚至存在恐惧心理。长期形成的思维模式使部分职业院校习惯于"等、靠、要"，缺乏应对职业教育国际化挑战的勇气和魄力，对于国际化办学既缺少自信和底气，又缺少清晰的实施思路和保障措施，还缺少国际化办学的经费投入，难以迈出国际化办学的步伐，也难以把握住以国际化发展带动学校全面提档升级的机遇。大部分开展国际交流合作的普通职业院校也往往停留于单向输入境外职教资源的浅层面，对外输出职教资源的情形较少。

（三）高等职业教育国际交流与合作的体制机制待健全

职业教育国际化不是一种"宣誓"行为，不能停留于口头或规划蓝图上，需要多方力量的参与和支持，需要健全国际交流合作工作的管理平台和协同工作机制，形成政府、职业院校和其他有关组织机构上下协调、整体联动、共同发力的良好局面，才能推动职业教育国际化的可持续性发展。

近年来，我国职业教育国际交流合作的体制机制不断完善，但在中外合作平台运行、职业教育跨境办学、中外合作办学质量保障和评估、国际交流合作监督细则、留学生教育服务管理、职业教育国际化办学经费保障机制以及建立与国际接轨的技能标准和职业资格质量标准等方面亟须加大制度建设力度和创新力度，加强对职业教育国际化办学实践的宏观调控能力和微观约束能力，加大对国际交流合作中涉及的设备、资金等资源的支持力度，进一步调整职业教育国际化相关主体的权责关系，确保职业教育国际化规范化、科学化运行。

目前，国内职业教育开展国际化办学的水平参差不齐，其中，公办高职院校在国际交流合作方面开展的工作较多，特别是优质的公办高职院校，发挥了示范性作用。但是公办高职院校在推进国际化的进程中，不少院校缺乏切实有效的工作载体，难以准确地找到工作切入点和与国内外职业教育资源有机融合的结合点，调动整合各方资源的机制欠缺，职业教育国际化的深度和广度都亟须拓展。而民办职业院校和中职学校获得国际交流与合作的机会相对较少，开展国际化办学的实力较弱。推动国内职业教育国际化，不仅需要为国际交流合作牵线搭桥的机构，还需要建立健全商务、外交、教育等有关主管部门和地方政府、行业企业以及职业院校共同参与的职业教育国际交流合作协作机制。同时，还应建立健全职业教育国际交流合作管理共享平台，为各级各类学校提供国际交流合作信息，并给予分类指导，提高职业教育国际化的整体水平。

（四）高职院校国际交流合作管理水平待提升

作为国际化办学的重要主体，高职院校要充分发挥能动性，调动一切积极因素推动国际化发展。目前，高职院校通常由国际合作与交流处负责外事工作，但是，外事部门"单打独斗"的现象较为严重，大部分高职院校尚未形成统筹协调、齐抓共管、各负其责的国际化工作格局。国际交流合作涉及教学、科研等诸多方面，专门的部门并不足以支撑起国际交流合作工作，如果没有其他行政职能部门和二级教学单位的通力配合，缺少全校教职员工的积极参与，国际交流与合作就难以更好地融入学校教育教学，容易与实际脱节，对在全校树立国际化意识、培养国际化思维产生不利影响。

从高职院校国际交流合作部门的工作运转情况而言，大部分院校专业的外事人员严重缺失，外事工作队伍整体力量相对薄弱。在高职院校外事部门中，翻译工作主要由负责英语教学的专任教师兼任，除少数优质的高职院校和开设有其他语种课程的院校外，其他语种的翻译基本上处于空白状态，这对多元的国际交流合作而言无疑会造成巨大的阻碍。而在外事业务知识方面，高职院校外事工作部门也亟须通过多渠道、多层面的学习培训，紧跟形势政策的变化，切实增强业务能力，完善管理与服务，不断提高新形势下的对外工作能力，确保涉外工作安全。

在外国留学生和外籍教师的管理工作方面，大部分职业院校缺乏系统、完善的管理制度，管理效能不佳。在外国留学生管理上，因为存在语言、文化、生活习惯等方面的差异，留学生的日常管理本身存在一定困难，加之留学生对国内职业教育的教学方法、模式不了解，难以进行长远的学习规划，高职院校亟须配备专门的联络员，加强与留学生的沟通交流，协助留学生处理一些学习生活问题，同时细化留学生管理规定，把学校的规章制度传达给留学生，切实保障留学生的权益，确保留学生管理规范有序。在外籍教师管理上，部分高职院校对聘请外籍教师的目的和作用认识不够，甚至只重数量不重质量，片面地把"外教多"作为学校国际化特色宣传，在选聘引进上把关不严，岗前培训不到位，缺少对外籍教师教学态度、教学能力、教学效果等方面的完整的考核评价体系，也没有及时开展评估反馈，以致外籍人员的作用不能得到充分发挥，有时还会起负面作用。

（五）职业教育国际化层次不高

职业教育国际化并不是简单的人员流动，不是浅层次的交流，也不是形式上的合作，需要辩证吸收国外职业教育的优秀精华，在人才培养、科学研究、服务社会等方面发挥实质性的作用。但从目前职业教育开展国际交流合作的情况看，国际化的深度、广度都不够，大部分院校都还停留在较浅的层次上。

在人员的国际流动方面，高职院校国际交流主要是向国外输送生源，培养的学生主要面向国内就业，进入国际竞争市场的对外开拓性人才严重匮乏。教师主要是短期性的进修、培训、互访、考察较多，进行长期性深度学习的较少，获得国外先进知识、提高国际化交流的能力有限；引进的外教开展语言教学的较多，结合职业教育专业进行科技研发、解决实际难题的不多。

在招收留学生方面，我国职业教育留学生规模并不大，面向国外留学生开设的全外语课程数量很少，对国外留学生的吸引力还亟待增强，这在某种程度上也使职业教育资源得不到充分利用，限制了部分职业教育专业开展国际化交流合作的实践机会。

在课程建设上，大部分院校以语言类课程为主，专业的国际化教学类课程、国际能力综合培养的公共课程以及国际职业资格课程不多，引进国外原版教材和实现国际教材本土化的也很少，数量有限的外国留学生来华也主要是学习中国文化和汉语表达。

在科学研究方面，国内职业院校参加国际学术性会议交流的机会并不多，与国外机构合作开展科学研究的机会也非常少，教师国际科研合作能力还显得很薄弱，吸收、转化国外先进科研成果的成效还很不明显。

在国际化学习氛围营造方面，国内大部分职业院校由于处于国际化发展的初级阶段，存在国际化工作和教育教学相脱节的情况，也存在忽视国际化学习环境打造的情况，国内师生在校园内并不能切实感受到学校浓厚的国际化氛围。文化氛围是软支撑，缺少相应的文化氛围，不利于国际化人才的培养和成长。

在引进职业教育资源方面，高职院校对接国家经济社会发展紧缺专业引进的项目并不多，引进资源的优势也往往并不突出，高职院校多是引进其教学理论、课程体系和管理制度方面的内容，对国际化课程体系的了解深度不够，在争取国外职业教育的核心教学资源和其背后重要的产业资源的主动意识也还不够强。且高职院校引进的先进资源与我国职业教育的融合度不够，未能将国际优质资源切实吸收转化，限制了高职院校自身国际化办学水平的提高。

就国际化办学的有效性而言，一些高职院校的国际化名称与实际不符。随着教育开放程度的提高，国内高职院校抢夺国外优质职业教育资源的竞争比较激烈，有的院校由于自身实力有限，缺乏专业优势和办学特色，但对国际化办学又有着迫切需求，存在着"拿到碗里都是菜"的错误倾向，想尽办法开展国际交流活动，但重数量不重质量、重形式大于重内容，以致国际化办学成为一个掺有水分的"虚名化"标签，没有使国际交流合作发挥出真正的价值和应有的作用。

在与地方互动交流方面，高职院校往往忽视了地方资源的运用。高职院校着重为地方经济社会发展培养技术技能型人才，必须面对国内经济转型升级的压力和对外拓展的迫切需求。高职院校的国际化发展也应立足地方、服务行业、面向世界，积极与地方经济社会发展同频共振，依托地方对外发展的部署，拓展职业教育对外开放的格局。但大部分高职院校开展国际化合作往往局限于学校内部，缺少与地方互动和交流的意识，既限制了国际化资源的整合，也没能更好地为地方经济社会发展服务。

在职业教育"走出去"方面，由于各国各地区政治、经济、文化等方面存在较大差异，高职院校在处理文化适应性和教育本土化方面也面临着不少难题，且输出的中国文化、中国理念较为碎片化，在创新技术等方面的输出有限，亟须采取更加有力的措施约束和规范高职院校"走出去"的路径，保障和维护高职院校的合法权益，同时也要结合当地实际需求和高职院校自身的办学特色、资源优势，更加系统地推广中国的职业教育理念、内容、标准等，加快本土人才培养。

（六）国际化师资队伍建设亟待加强

一支强大的国际教师队伍是职业教育国际化发展的前提和基本保证。出于历史原因，我国高职院校教师的整体外语水平不高，与职业教育国际化发展的要求不相适应。很多教师受外语水平和自身资质制约，难以在国际交流中进行有效沟通，甚至出现表达的尴尬，更无法全面认识和深刻理解国外先进的教学方法、教学理念，难以从深层次对国外优质教育教学资源进行自由吸收和转化，极不利于推进国际交流与合作进程。

尽管近年来高职院校大力实施"人才兴校"战略，加大师资队伍培养力度，但培养的着重点较多聚焦在专业建设、课程开发、产教融合以及教学手段等方面，对提升师资队伍的外语水平并未放置于关键点，缺乏对教师提高外语水平的外部激励机制。另一方面，外语学习本身是一个循序渐进的过程，并不能在短期内一蹴而就，高职院校教师在承担教育教学任务之余，需花费大量时间精力来开展外语学习，需以持之以恒的精神克服工学矛盾。在外部激励不足、内生动力不强的情况下，教师很难切实提高外语水平，继而容易在国际交流合作过程中遇到问题和困惑，进而影响职业教育国际化进程。

除了语言的基本要求外，教师的国际化视野、国际化能力也是国际化师资水平的重要考量内容。高职院校可以通过形式多样的对外交流合作项目，不断提高教师的教育教学水平，但是总体来看，目前我国高职院校师资队伍的国际化能力还很有限，国际化教育教学水平还比较薄弱，迫切需要加大力度建设高水平、高素质的国际化师资队伍。部分高职院校对开展国际化师资培养的理解还比较片面，较多采用短期学习交流的模式，选派优秀教师赴国外职业教育机构开展培训、提高教师国际化教学技能的意识还不够强。不少高职院校教师纵然有外语基础，但缺乏对国际认可的职教标准的深度探究，固守国内教学中实施的课程模式、教学方法，过度依赖自身积累的经验，在与国外学生进行专业性教学互动交流过程中，容易产生教学理念、方法等方面的冲突。教师本身需深耕专业领域，广泛吸纳世界范围内的行业先进理念、知识，通晓国际规则，具备较为丰富的实践经验，才能培养出国际化的职业技术技能人才。在服务企业"走出去"时，职教师资还应了解当地的政治、经济、文化，适应行业企业的国际化要求，进一步提升综合性的国际化能力，才能推动职业教育国际化的发展。

（七）高职院校学生参与教育国际化的积极性不够高

学生是高等职业教育国际化的根本。近年来，有条件的职业院校依托各种国际交流与合作项目，增进学生间的国际交流，取得了一定成效。但是，从大范围来看，相较本科及以上教育，学生参与职业教育国际化的积极性总体偏弱。

长期以来，中国社会存在着"劳心者治人，劳力者治于人"的观念，技术技能型人才往往没有得到社会充分的认可和应有的社会地位。尽管近年来，国家大力倡导"工匠精神"，大国工匠受到社会普遍赞誉，但是，在现行的招生考试制度下，人们根深蒂固的观念并没有得到彻底扭转，仍然存在"职业教育是'次等教育'"的错误观点，对职业教育的办学质量存在认识偏差，更认为职业教育没有必要开展国际化。社会对职业教育的偏见，在一定程度上制约了高等职业教育国际化的发展。受社会大环境的错误影响，同时也受外语水平相对较弱的自身条件限制，职业院校的学生更多关注毕业后的就业走向，而对未来职业的长远发展、自身可持续性发展能力的培养积累缺乏长远的思考，影响了参加国际交流合作的积极性、主动性。

（八）高等职业教育国际交流合作的利益诉求存分歧

在《开发援助中的伙伴关系》一书中，当谈到为什么需要援助时，作者皮尔逊指出："自身利益是国际援助和援助政策的合法和有效基础。只有通过国际合作才能最大限度地利用世界的人力和物质资源，这种合作不仅有利于经济上的弱者，而且也有利于强者和富者。"教育国际交流合作是实现国家外交的重要战略手段，促进不同国家科技、文化交流的重要渠道，也是为国际经济社会发展培养人才的重要途径。从本质上讲，国际交流与合作的最深刻动力在于国际双方都在谋求自身利益，都期望从中获利。

目前，国内高职院校和国外教育机构在国际交流合作的利益诉求方面存在较大差异。国际学生在世界范围内的人员流动能为教育服务输出国带去巨大的资金流，增加其财政收入，还能带动相关产业发展，产生丰厚的经济价值。发达国家教育在招揽全球国际学生方面，或为了招揽人才，或为了成为区域教育中心，不可避免地显现出较强的功利性，教育已作为一种重要的服务贸易进入了经济领域。而中国的教育一直强调其公益性，国际化办学的市场属性受到人们的质疑，但是，面对人们接受国际化教育的需求，中国的职业教育资源明显匮乏。因此，国内高职院校需要在运用市场机制开展国际化办学和教育作为一种公共产品之间寻求到最佳的利益平衡。在此不同的背景下，国外教育机构更加重视生源输送和市场效益，容易忽略国内高职院校通过国际化办学撬动整个办学水平提升的诉求。只有秉持平等的国际合作理念，兼顾各方利益契合点和关切点，获得国际交流合作的最大公约数，才能推动职业教育国际交流合作进入良性互动、互利共赢的发展轨道。

参考文献：

[1] 赵白鸽."一带一路"引领人类第四次全球化［J］.中国人大，2017（8）：25-26.

[2] 杨启光.教育国际化进程与发展模式［M］.北京：社会科学文献出版社，2011.

[3] 王新萍，张梦旭，吴刚，等. 中国的发展　世界的机遇［N］.人民日报，2017-01-22.

[4] 庞无忌. 2017 年中国 GDP 占世界经济比重 15% 左右　稳居世界第二［EB/OL］. 新华网，2018-02-28.

[5] 教育部副部长田学军：中国教育为 "一带一路" 建设厚植民意根基［EB/OL］. 教育部网站，2017-05-11.

[6] 张烁. 我国建成世界上规模最大职业教育体系［N］. 人民日报，2017-05-05.

第七章
促进我国高等职业教育国际化的对策

我国职业教育发展起步晚，在进入新世纪后才开始正式、较小规模地开展职业教育国际交流与合作，这也就导致了我国职业教育国际化发展水平低和国际影响力小。为进一步提升我国职业教育国际影响力，积极响应国家教育对外开放的政策方针，本章从政府、学校、社会组织三个层面提出了相应的职业教育国际化建设对策与建议，以加快我国职业教育国际化建设。

一、政府统筹高等职业教育国际化建设

（一）政策支持

虽然近年来政府也出台了一些鼓励高职院校开展国际交流与合作的政策，例如《国家职业教育改革实施方案》《中国教育现代化 2035》《推进共建"一带一路"教育

行动》《教育部　财政部关于实施中国特色高水平高职学校和专业建设计划的意见》等，地方政府也相应出台了一些配套文件，但这些政策文件执行起来仍存在相当大的困难，很少落实到位，也进一步导致高职院校国际交流与合作开展情况不太乐观。政府在政策制定和规划决策上的不完善和未落实落地，是制约目前我国职业教育国际化发展与建设的重要因素之一。为合理制定出符合职业教育国际化建设实际的政策与规划，为职业教育国际化建设提供切实的保障，编者建议具体做法如下：

第一是有选择性地借鉴职业教育发达国家的经验，制定相关的促进我国职业教育国际化发展的法规和条例。职业教育发达国家，以西方发达国家为主，他们在职业教育领域制定的法律制度健全完善，且贯彻执行到位，落实具体。相关政策在制定先后问题上都是具有连续性与稳定性的，通过颁布这些政策体现政府对教育国际交流与合作的支持力度。政府需要针对我国目前职业教育国际化建设的现状和困难，制定相应的政策法规，解决最急需、最棘手的问题，替高职院校国际化建设多出政策，多出良策，消除高职院校开展国际化建设的后顾之忧。

第二是坚决贯彻各级政府制定的有关职业教育国际化建设的规划和法律条文。当前国家和各级地方政府与相关教育管理部门都相继出台了许多指导、管理和促进职业教育国际化建设的政策法规。无论是国家宏观层面的大的政策制度，还是各级地方政府制定的管理办法，政府都应该强化监督职能，确保这些政策法规能够落实落地，甚至可以成立督导队伍，对政策法规的执行情况开展进一步的督导，保证政策畅通、执行有效，从而保障高职院校国际化建设工作的开展。

（二）资金支持

职业教育发达国家为了发展其职业教育国际化，通过各种渠道投入了大量的资金资助，这样才能满足职业教育国际化的需要。而在职业教育国际化建设的前期，需要大量的资金支持，职业教育国际化建设才能向着良性轨道前进。开展职业教育国际化建设需要国家和各级地方政府、教育行政主管部门站在国家国际竞争视野上来看待，职业教育国际化是国家战略发展的重要一环，在资金上需要给予职业教育重要的支持，要通过多种渠道，筹集职业教育国际化建设的资金。

另一方面，目前支持职业教育国际化建设的投入，绝大多数却没有明确地单独分列出来，各级地方政府、教育行政主管部门应当独立设置院校专项职业教育国际化建设资金，用于学校国际化建设发展。比如在教师出国进修、教师专项培训、参加国际学术会议、学生赴海外实习、引进外籍专家学者来校讲学、引进国外原版教材等方面都需要大量资金运作。所以各级地方政府、教育行政主管部门设立独立的资金，为职业教育国际化建设正常开展提供保障。还可通过其他渠道吸引社会资金、民间资本加入进来，实现资本多元化。

同时还可以制定鼓励性资金政策。各级地方政府、教育行政主管部门应发挥应有职能，制定激励与鼓励的资金政策，具体可通过奖励性的项目资金等方式来实施。如高职院校国际化建设提供专项的奖励性资金支持，对开展职业教育国际化建设做得好的院校进行资金奖励，进一步加大和拓展职业教育国际化建设的投入，同时也提高了高职院校参与国际化建设的积极性。

（三）放宽管理，加大宣传

各级地方政府、教育行政主管部门在职业教育国际化建设中承担着推动者、督促者的角色，理应发挥自身的宏观调控职能，进一步放宽高职院校的自主管理权，在高职院校管理与监督上应当有所为和有所不为，建立灵活的管理监督机制，减少政府和教育主管部门的行政干预，把职业教育放归到市场中去。这样高职院校在办学方面才可以根据社会的需求，加上各级地方政府、教育行政主管部门的指导，办出特色，办出国际影响力。扩大高职院校办学自主权，让高职院校成为办学的主体、管理和创新的主体、院校内部事务决策和执行的主体。可在教师招聘上让高职院校自主进行、在选录学生上让职业院校自主决定、在管理体制上自主改革、在办学模式上允许学校自主创新、在校内经费上允许院校自主分配。

同时各级地方政府、教育行政主管部门还要加大对职业教育国际化建设的宣传力度，充分利用多种媒介，例如自媒体、网络、纸质传媒等手段进行宣传，让企业、社会、普通社会大众认识到职业教育国际化建设的必要性、紧迫性与重要性，充分认识到职业教育国际化的重要意义与价值，提高高职教育国际化建设的认可度，增强国际影响力，为职业教育国际化建设营造有利的环境。通过宣传让院校真正理解参与国际交流与合作的必要性，加强院校与社会对国际交流与合作的重大意义的了解，让高职院校深刻认识到国际化建设不只是能带来眼前的利益，而是能够实现院校的长远发展的。

二、加强高职院校国际化内涵建设

（一）更新国际化发展理念，明确国际化发展目标

高职院校国际化发展是我国职业教育面向世界的重要手段，也是必然趋势。高等职业教育国际化作为一种理念，是一种超前意识，是随着经济全球化的推进而出现的，属于新生事物,很多高职院校对此难理解且没有国际化意识，然而职业教育国际化已成为一种不可逆转的历史潮流，必须迎接它、适应它、利用它，因此，高职院校要加强宣传，统一思想，用国际化的视野和战略思维办学。

首先，我国高职院校的发展，要敢于冲破传统观念的束缚，充分重视和认识国际化的重要性，这需要学校的领

导者加强学校的顶层设计，明确国际化建设在学校发展中的促进作用，根据自身现状和自身办学特色，明确自身的国际化办学方向，即要通过自身国际化建设来使学校达到一种什么样的办学目标和最终成效，确定战略发展方向，制订学校的国际化办学长短期发展规划，让全校上到校领导下到普通学生都达成共识，引领学校国际化建设的发展目标，要以发展的、动态的、国际化的眼光开展国际化建设，提高院校国际小学水平。目前许多高职院校都缺乏专门设置的国际交流与合作管理机构，高职院校应该设置独立的国际处或外事办公室，负责学校国际化战略规划、方案起草，同时已有外事处或国际处的院校，还需要改变外事机构的工作方式，提高开放程度，加强管理能力，继续发挥产、学、研职能和国际市场开发功能。然后，高职院校要树立教育资源优化与共享的观念，认真学习和借鉴国外先进的国际化教育思想，通过"引进来""走出去"两手抓的手段，充分重视和认识国内国际两个市场、两种资源，树立教育资源优化与共享的观念，认真学习和借鉴国外先进的国际化教育思想，以学校自身办学特色为出发点，在国际化建设中凸显自身特色，结合学校的实际情况探索自身发展路径，促进国际化办学目标的实现。

（二）培养国际化教师队伍

职业教育国际化发展趋势的其中一方面就是国际人员往来更加密切，社会和高职院校更需要的是具有国际化素质、通晓国际规则惯例、知识与技能兼备的复合型人才和国际化师资。具有国际化素质的师资队伍是高职院校进行国际化办学的重要指标之一，同时也是培养国际型、复合型职业技术人才的先决条件。

高职院校对现有教师开展国际素质培训，可以通过设国家留学基金委、地方政府留学项目、校级长短期留学，也可以设立专项培训项目和资金，鼓励他们参加国际学术会议，参与国际学术科研，定期与不定期出国考察、访问，为教师创造出国学习和交流的条件。这一方面可以增强教师国际化素质，拓宽国际化视野；另一方面也大大地提高了教师参与学校国际化建设的积极性。在培养国际化师资队伍的时候，还可以在最开始招聘教师时，聘用能教国际化课程的留学归国人员或者具有相关国际化背景的人员，这样可以大大缩减国际化师资的培养周期，另一方面也节约了培养成本。同时可以通过长短期聘请的方式，在学校教学、科研、学科建设及管理方面引进急需的高级人才，吸引外国专家、学者来校从事教学与管理的工作，并为他们提供舒适的住宿条件、适当的物质待遇和和谐的工作环境；把海内外知名学者教授请进来，并留下来与学校的教师组成的专业队伍共同管理、推进院校国际化建设，打造国际化专业师资队伍。本土化培养和请进来两手发力，共同培养国际化师资队伍。

（三）教学资源国际化建设

实现职业教育国际化的重要条件之一就是实现教学资源的国际化，那么设置与国际接轨的相关课程，就是培养符合国际需求人才的重要途径。构建国际化课程体系、引进国际教育资源、教授国际化课程是培养国际化人才的重要方式。构建国际化的教学资源即是在国际化的要求、目标、形式和措施方面必须坚持从本地实际出发，开适应中国学生的国际化课程，不能盲目引进国际课程，要本土化与国际化相结合，开设的国际化课程在真正意义上有助于提高高职院校的国际竞争力和提高学生对院校开展国际化的兴趣。一方面可以开设语言培训与交流课程，语言培训中也使用国际教材；国际化课程中必不可少的是外国语言学习课程，采用国际教材和双语教学方式，建立外国语交流实践场地，为学生营造良好的国际语言环境，提高国际语言运用和交流能力。另一方面，可以开设有关国际礼仪、国外人文历史等文化课程，通过这些课程的学习，学生能够了解和理解他国文化的不同，增加对异国文化的认同感。最后，还可以开设相关的国际化专业课程，使教学资源达到国际化水平，例如通过开设国际贸易理论与实务、国际经济学、国际政治学、管理学等相关课程，让学生了解国际发展现状和趋势。

（四）建立质量保障机制

职业教育国际化建设中，必须要保障国际化建设效果，不能搞空架子，建立评估与保障机制是保障职业教育国际化建设的关键环节。只有建立了质量保障机制，才能有效保障国际化建设的成效。可以从以下几个方面来加强质量保障机制的建立。一是院校内部进行自我评估，对院校实际情况、办学条件、硬件软件设施进行全面评估，根据自身实际情况开展适合自身的国际化建设方案；二是采用定期或不定期的方式对院校开展的项目进行自查，防止国际化建设项目走过场与流于形式，对开展的项目现状与成效进行评估，及时发现国际化建设项目开展过程中的问题，分析存在问题的原因和影响因素，并且建立应急机制，应对突发的问题和情况；三是对于合作开展顺利、适应院校自身的国际化建设，并且取得实际成效的项目，应该加以肯定并给予一定的鼓励或相关支持，对效果不好的国际化建设项目，实行退出机制，只有认真开展成果评估，才能把好质量评估最后一关，从而保障院校国际化建设的整体水平。

三、扩宽国际化建设项目渠道

当今社会已步入信息社会，时代的发展呼唤高职院校国际化建设，需要掌握最先进的信息，取得最高效的发展，因此，高职院校资源和信息渠道是其国际化建设的重要砝码。扩宽国际化建设项目渠道主要通过构建国际合作平台、职教集团和国际交流民间组织进行。

（一）国际合作平台

一个地区的高职院校发展不均衡是很常见的，在这种背景下，各级地方政府和教育主管部门可以牵头成立或者让职业教育国际化建设较好的院校牵头成立国际化发展合作平台，利用政府或者发展好的高职院校的国际化建设资源和渠道，开展帮扶带助其他地区的高职院校，可以在国际化建设的战略规划、机构设置、模式开展、形式选择、国际化教师培养、成果巩固等方面对才起步或者发展缓慢的高职院校提供帮助和支持。国际化发展才起步或者发展困难的高职院校也要主动积极地加入现有的国际交流平台，开展多种形式的交流合作。另外，教育主管部门还可制定鼓励国际化程度高的院校开展帮扶资助院校的倾斜政策，实现参与平台的院校的联合办学、学分互换，让国际交流与合作成果惠及更多的学生，促进整个区域或者地区的职业教育国际化建设的平衡发展。

（二）职教集团

以行业为纽带的职教集团和区域性的职教集团是目前我国最主要的两种职教集团模式。在职业教育国际化建设过程中，为跨国企业输出国际化人才是职业教育国际化建设的主要目标之一，而单凭院校各自为战，去发展接触跨国企业，是较为费力的。但是发挥职教集团的优势，进行资源共享，那么，就能在国际化建设上达成资源共享，如职教集团其中一所院校引进了某一行业的国际先进的理念、教学方法、国外教材、优秀的师资等资源，可以在职教集团平台发布，让其他集团成员能够借鉴和学习，以提高职教集团整体国际交流与合作水平。同时由于职教集团是由职业教育办学机构、行业、企业组成，其中还包括一些大型跨国企业，组成成员多样，数量也较多。职教集团内部的每个成员都有着不同的与自己办学特色相对应及和行业相关的领域的合作伙伴，而国际化建设资源方面可以在职教集团内部进行资源整合，将更多的高职院校合作交流对象联系在一起，形成一张密集的关系网，共享职教集团内部资源。虽然参与职教集团的不同高职院校具有不同的特色，但是在开展国际化建设的形式与内容上都有不同的特点，高职院校在合作内容形式上也有诸多的相同点，在资源上可实现共享。还可以利用职教集团扩大宣传，职教集团作为一个整体宣传其国际影响力，必将是一个资源丰富、实力雄厚，具有地区和国际影响力的团体，也就带动了每一个参与职教集团的职业院校的国际化建设进程。

（三）国际交流民间组织

中国教育国际交流协会成立距今已有 30 多年的历史，它在各级地方都有分支机构和二级协会，是中国规模比较大的教育部直属全国性社团组织之一。与它类似的还有另外四个专业工作委员会，其中高等职业技术教育委员会与高职院校是关联最直接的机构。这些民间社会团体的特性主要是分布广泛、运作灵活，高职院校参与这些民间组织可以进一步获取到相关职业教育国际化建设的资源，例如利用这些民间组织全国性的特点，发挥它在信息收集、汇总、发布方面的作用，获取国际合作项目；还可以利用它们的专业性与广泛的国际化人才资源，引进相关国际化建设的专家和学者，也可以让高职院校进行专业培训与技能训练；还能利用这些民间组织的中介资源，实现资源内外部整合，优化合作成效。

附录

重庆城市管理职业学院国际合作与交流内部管理工作流程

国际学生报到流程

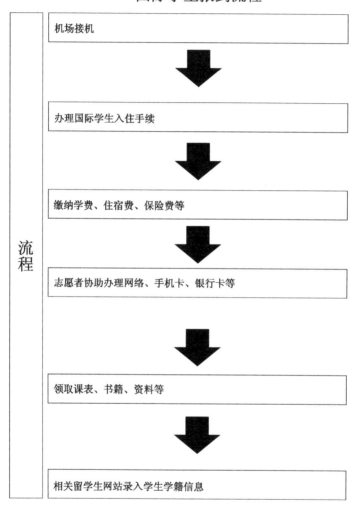

国际学生录取材料审核流程

流程

国际学生基本信息审核（国际处）

↓

审核国际学生体检报告（医务室）

↓

审核国际学生有无犯罪记录（保卫处）

↓

相关部门对国际学生信息备案

↓

联系重庆市教委国际处及外侨办开展国际学生录取咨询

↓

学校国际合作与交流中心审核签字

↓

学校分管外事工作的校领导签字

国际学生 202 表制作流程

流程

国际学生填写 202 表

↓

学校分管外事工作领导签字

↓

国际合作与交流中心制作重庆市教委审核 202 表申请函

↓

国际合作与交流中心制作外侨办审核 202 表审核函

↓

国际合作与交流中心提交重庆市教委审核 202 表

↓

国际合作与交流中心提交重庆外侨办审核 202 表

↓

国际合作与交流中心领取 202 表

国际学生结业、毕业流程

流程	按教务处要求统计离校学生信息
	⬇
	提交信息至教务处
	⬇
	教务处制作结业证书、毕业证书
	⬇
	建立国际学生校友工作群

国际学生居留证办理流程

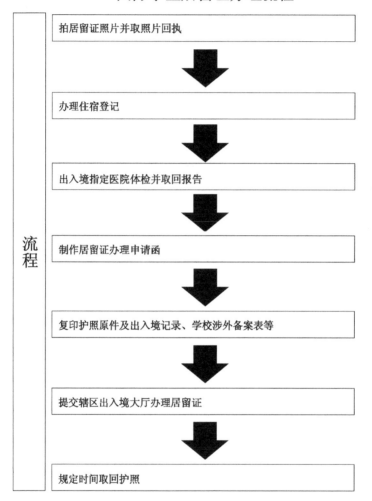

流程

拍居留证照片并取照片回执

办理住宿登记

出入境指定医院体检并取回报告

制作居留证办理申请函

复印护照原件及出入境记录、学校涉外备案表等

提交辖区出入境大厅办理居留证

规定时间取回护照

国际学生离校流程

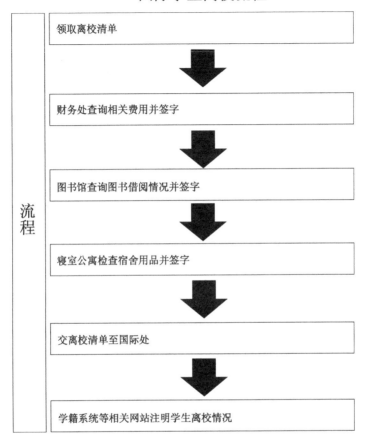

流程

领取离校清单

财务处查询相关费用并签字

图书馆查询图书借阅情况并签字

寝室公寓检查宿舍用品并签字

交离校清单至国际处

学籍系统等相关网站注明学生离校情况

国际学生请假流程

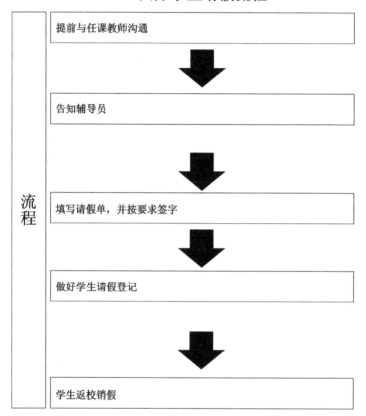

国际学生居留证延期办理流程

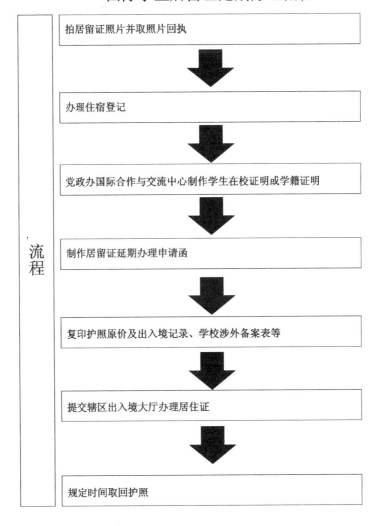

流程

拍居留证照片并取照片回执

↓

办理住宿登记

↓

党政办国际合作与交流中心制作学生在校证明或学籍证明

↓

制作居留证延期办理申请函

↓

复印护照原价及出入境记录、学校涉外备案表等

↓

提交辖区出入境大厅办理居住证

↓

规定时间取回护照

国际学生录取流程

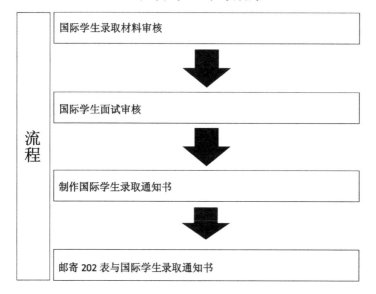

国际学生招生工作流程

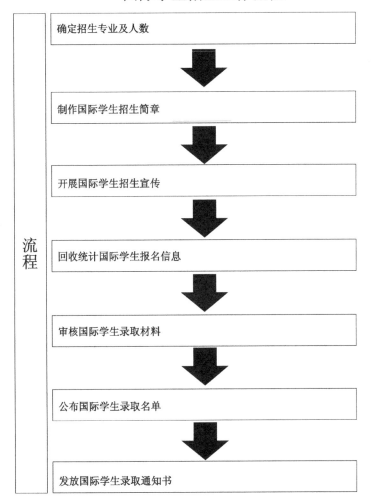

国际学生转入流程

流程	
	国际学生提交申请表、学习表现说明、成绩单、护照等信息
	⬇
	审核学生基本信息
	⬇
	与转出学校沟通学生具体情况
	⬇
	转入申请表相关二级院系、国际处及校领导签字确认
	⬇
	分配学生到相关院系
	⬇
	学籍系统等相关网站注明学生转入情况

国际学生体检流程

流程	**体检前**	提前通知学生体检时间及注意事项
		准备好体检费用及本国的体检报告、体检项目纸质文件、护照、照片等
	体检中	规定时间统一前往
		填写体检单并缴费
		按项目体检
	体检后	体检完毕交回体检单
		统一返校并在规定时间领取体检报告

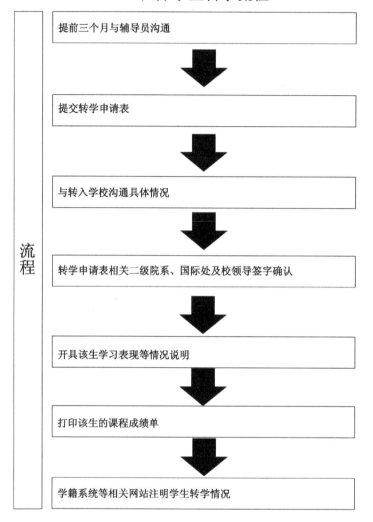

国际学生转学流程

流程

提前三个月与辅导员沟通

提交转学申请表

与转入学校沟通具体情况

转学申请表相关二级院系、国际处及校领导签字确认

开具该生学习表现等情况说明

打印该生的课程成绩单

学籍系统等相关网站注明学生转学情况

国际学生住宿登记流程

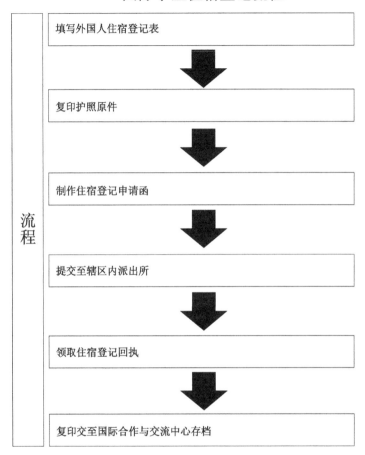

流程

填写外国人住宿登记表

复印护照原件

制作住宿登记申请函

提交至辖区内派出所

领取住宿登记回执

复印交至国际合作与交流中心存档

海外引智工作流程

流程

申报：国际合作与交流中心下发海外引智报名通知并组织各二级单位报名

立项：国际合作与交流中心组织校内外专家评审，报校领导审批后对拟立项项目进行公示

实施：国际合作与交流中心进行项目指导、过程监管和检查，包括下发中期检查通知，组织专家检查，并对检查结果进行通报

结项：国际合作与交流中心下发海外引智结项通知，组织校内外专家进行评审，并提交评审结果，报校领导审批，并对拟结项项目进行公示，最后由结项项目组完成报账

一般会议流程

<table>
<tr>
<td rowspan="5">流程</td>
<td>会前：办会人员发布会议通知，联络宣传部进行会议拍照，开展会场布置（包括座牌打印、致辞稿件、会议 PPT 和视频播放、茶歇以及礼品准备，会前半小时打印议程）</td>
</tr>
</table>

会中：办会人员做好会议记录，及时应对突发、特殊情况

会后：办会人员做收尾工作，包括会场清理、资料整理归档，以及会议过程收集的资料、照片整理，并及时撰写相关新闻

国际会议流程

流程	会前：办会人员预订会议室，拟定会议通知，并交领导审核后发布通知，通知参会人员，布置会议室，外来车辆出入登记，在会前半小时打印会议议程

	会中：办会人员做好材料准备，会议照片拍摄，现场服务，应对突发、特殊情况

	会后：办会人员做会议收尾工作，包括会场清理、过程资料收集，及资料、照片整理后归档，并及时撰写相关新闻报道

境外办学备案工作流程

流程

一、境外办学项目运行
根据境外办学实施方案举行开学典礼、毕业典礼、考试考核、日常教学、证书申请发放、成本支付等活动

二、过程监管
接受学校内部质量管理体系、重庆市教委内部质量管理体系、外方学校办学审计等检查

三、项目总结
根据项目运行情况撰写总结报告，报送重庆市教委

四、项目续签
根据境外项目运行实际情况与外方院校洽谈续签协议事宜

境外办学流程

流程	一、洽谈办学合作 与外方洽谈合作，审核办学资质，外方院校或教育机构须在其所在国家取得合法认证

一、确定办学专业
境外办学专业必须为我校优质专业，该专业在师资国际化、专业影响力、就业质量等方面具有明显优势

三、确定专业负责人
公开遴选一名专业负责人协调处理境外办学事务，该专业负责人需有较强专业背景和外语能力

四、确定输出课程群
根据外方院校需求共同商定优质课程群"输出"名单

五、制订培养培训方案
与外方院校共同研究、商议并制订培养培训方案

境外办学前期准备工作流程

<table>
<tr>
<td rowspan="7">流程</td>
<td>

一、签订境外办学协议

与外方院校签订境外合作办学协议，一般签订周期为 2～3 届学生，5～8 年，协议中必须明确教学语言，一届签一次补充协议

</td>
</tr>
<tr><td></td></tr>
<tr>
<td>

二、立项及方案预算

根据境外办学的具体情况，由学校校长办公会审议立项后，制订相关办学方案及经费预算

</td>
</tr>
<tr><td></td></tr>
<tr>
<td>

三、专家咨询

组织专家评审相关材料，根据专家反馈意见进行修改并定稿

</td>
</tr>
<tr><td></td></tr>
<tr>
<td>

四、上报备案

向重庆市教委提交境外办学项目的相关备案材料

</td>
</tr>
</table>

外籍教师聘用流程

申报：各二级学院提交需求表至国际合作与交流中心

审批：国际合作与交流中心联合人力资源处针对需求进行评估，评估结果报校领导

招聘：人力资源处发布招聘信息，组织招聘，公示招聘结果，签订协议

手续办理：招聘外籍教师体检，签订协议，办理外籍教师来华工作许可证和居留许可证

报到：外籍教师到人力资源处报到，办理学校工作证

流程

外籍教师管理流程

流程

分配二级学院（部门）：根据外教专业分配二级学院

过程管理：各二级学院趋同化管理外籍教师，国际合作与交流中心按照外籍教师管理办法进行定期考察管理

离校：外籍教师提交离校申请，各部门清查是否有未完成工作等遗留问题，人力资源处及国际合作与交流中心审查离校清单，注销外籍教师来华工作许可证及居留许可证

外籍人员来校接待审批流程

流程

承担接待任务的二级单位需提供完整的外籍来访人员信息并撰写接待方案、会议流程、接待预算等，填写外籍人员来校审批表并签字加盖公章

↓

党委宣传部负责人签字并加盖公章

↓

分管意识形态工作校领导意见

↓

安管处负责人签字并加盖公章

↓

分管安全管理校领导签字

↓

国际合作与交流中心负责人审核并签字加盖公章

↓

分管外事工作校领导签字（含负责接待二级单位分管校领导）

↓

完成审批并在国际合作与交流中心备案

外籍专家聘用流程

流程

申报：各二级学院（部门）提交外籍专家需求申请表至国际合作与交流中心

审批：国际合作与交流中心联合人力资源处针对需求进行评估，并将评估结果报校领导

招聘：人力资源处发布招聘信息，组织招聘，公示招聘结果，签订工作协议，办理外籍专家来华工作许可证及居留许可证

报到：外籍专家到人力资源处报到，办理工作证及相关入职手续

外事活动新闻发布流程

<table>
<tr><td rowspan="9">流
程</td></tr>
</table>

发布前：联系党委宣传部，进行现场拍摄和联系对外宣传

办会人员负责照片整理，做好会议记录，撰写外事活动新闻稿，进行会议资料整理和归档

国际合作与交流中心负责人审核

提交宣传部完成新闻发布

做好英文网站新闻翻译和发布

外国专家管理流程

流程	入境手续：根据二级学院（部门）的教学需求，人力资源处和国际合作与交流中心共同开展外籍专家引进工作，国际合作与交流中心负责办理相关入境手续

专家分配：根据外国专家的专业领域和教学需求分配至二级学院

过程管理：根据工作需要，由二级学院（部门）进行合作教师遴选，经国际合作与交流中心公示后予以确认，根据学校外籍教师管理相关规定，采用趋同化管理模式对外国专家进行考核管理

离境手续：外国专家提交离校申请，各部门核查工作清单，人力资源处及国际合作与交流中心审查离校清单，注销外国专家来华工作许可证及居留许可证

协议签订工作流程

流程	签订前	洽谈
		拟定协议初稿
		律师审查
		上校长办公会
		上传合同管理系统
		签订协议
	签订后	协议扫描
		协议存档
		协议执行

教职工公派出国访学、进修流程

流程

发布通知：国际合作与交流中心发布出国项目通知，申请人填写"重庆城市管理职业学院教师国（境）外工作学习申请表"（简称"申请表"），对公派出国（境）访学、进修项目自愿提出申请

表格填写：申请人根据要求完成"申请表"的填写，其中，"申请人基本情况""工作学习计划"以及"计划成果"等部分需提交纸质和电子文档至所在二级单位；"政治审查意见"部分须由申报人所在二级单位党组织对申请人开展政治审查并如实填写推荐意见，由二级单位统一将材料报送至党委组织部审核后，交国际合作与交流中心汇总

发布公示：国际合作与交流中心在 OA 中发布拟出国（境）访学、进修项目人员公示

发布通知：国际合作与交流中心在公示结束后发布结果，向拟出国（境）访学、进修项目人员发布借、汇款通知

签署协议：拟出国（境）访学、进修项目人员出行前与学校签订"教职工出国留学协议书"（一式两份）

回国手续：出国（境）访学、进修项目人员按规定回国后，在一个月内向国际合作与交流中心提交成果性总结纸质和电子文档、境外资料、照片、新闻稿等以供存档之用

开具回国通知单：国际合作与交流中心签发回国通知单，回国人员凭通知单向财务处办理出国费用报销手续

教职工个人因私出国（境）流程

<table>
<tr><td rowspan="7">流程</td><td>个人申请：申请人联系人力资源处查询相关信息，填写个人因私出国需要的在职证明和收入证明一式2份，并由申请人所属二级院系或职能部门负责人签字同意并加盖部门公章</td></tr>
<tr><td align="center"></td></tr>
<tr><td>人力资源处：二级学院或职能部门审核并同意后，申请人到人力资源处填写个人安全承诺书。申请人自行准备在校工作证明和收入证明等中英文资料，文责自负</td></tr>
<tr><td align="center"></td></tr>
<tr><td>党政办公室：申请人持人力资源处核实并签名的在职证明和收入证明到学校党政办公室加盖学校公章</td></tr>
<tr><td align="center"></td></tr>
<tr><td>出国、回国注意事项：
1.教职工根据需要按照上述流程办理个人因私出国（境）手续
2.教职工个人因私出国（境）一般应利用寒暑假出行，期限不得超过假期时间
3.教职工在出国（境）前应做好各项准备，了解出行目的地国相关情况，遵守当地法律法规和风俗习惯，严禁携带违禁品出入境，确保安全文明出行
4.教职工回国后应告知所属二级部门负责人，便于安排回国后相关工作。处级以下教职工的个人因私护照（含港澳通行证、赴台证）等资料应由本人妥善保管</td></tr>
</table>

中外合作办学流程

流程

一、洽谈合作
外方院校资质审核：
外方院校须取得教育部涉外监管信息网认证，外方机构及项目总数不超过6个，同一专业不超过3个

二、合作专业确定
中外合作办学专业须为外方院校优质专业，其专业在招生和就业上优势明显

三、确定专业负责人
学校公开遴选并确定一名专业负责人协调处理中外合作办学事务，该专业负责人需具有较强的专业背景和外语能力

四、确定外方课程
根据《中华人民共和国中外合作办学条例》规定与外方院校洽谈，外方课程和专业核心课程应达到中外合作办学项目全部课程和核心课程的三分之一以上

五、人才培养方案
根据《中华人民共和国中外合作办学条例》规定，与外方院校共同研究、商定并合作制订专业人才培养方案，外方课程和专业核心课程达到中外合作办学项目全部课程和核心课程的三分之一以上，且外国教育机构教师担负的专业核心课程的门数和教学时数达到中外合作办学项目全部课程和全部教学时数的三分之一以上

中外合作办学申报工作流程

流程

一、物价局学费标准审批
中外合作办学项目获批后,将相关材料报送重庆市物价局进行学费标准审批

二、招生宣传
学费获得重庆市物价局审批通过后,开展中外合作办学项目招生宣传

三、报到注册
学生录取后,在规定时间内到校报到注册

四、中外合作办学项目运行
根据中外合作办学实施方案举行开学典礼、毕业典礼、考试考核、日常教学、证书申请发放、成本支付等活动

五、过程监管
中外合作项目接受学校内部质量管理体系、重庆市教委内部质量管理体系、外方学校办学审计等检查

六、项目总结
根据项目运行情况撰写总结报告,报送重庆市教委

七、项目续签
根据中外合作办学项目运行情况与外方院校洽谈续签协议事宜

中外合作办学前期准备工作流程

流程

一、中外合作办学协议签订
与外方院校签订合作办学协议，一般为2～3届学生，5～8年，协议中必须明确教学语言，一届签一次补充协议

二、立项及方案预算
根据中外合作办学的具体情况，由学校校长办公会审议立项后，制订相关合作方案及经费预算

三、填写申报材料
根据教育部相关要求，填写中外合作办学项目申报材料

四、专家咨询
将申报材料提交专家评审，根据专家反馈意见进行修改并定稿

五、申报
向重庆市教委提交中外合作办学项目申报材料

六、获批
中外合作办学项目申报获得重庆市教委审批，并报送教育部备案